成功企业管理制度与表格典范丛书

营销管理必备制度与表格典范

杨宗岳 ◎ 编著

企业管理出版社

图书在版编目（CIP）数据

营销管理必备制度与表格典范 / 杨宗岳编著. —— 北京：企业管理出版社，2020.6
ISBN 978-7-5164-2134-5

Ⅰ.①营… Ⅱ.①杨… Ⅲ.①营销管理 Ⅳ.①F713.56

中国版本图书馆CIP数据核字（2020）第063402号

书　　名	营销管理必备制度与表格典范
作　　者	杨宗岳
责任编辑	张　羿
书　　号	ISBN 978-7-5164-2134-5
出版发行	企业管理出版社
地　　址	北京市海淀区紫竹院南路17号　　邮编：100048
网　　址	http：//www.emph.cn
电　　话	发行部（010）68701816　　编辑部（010）68701891
电子信箱	80147@sina.com
印　　刷	水印书香（唐山）印刷有限公司
经　　销	新华书店
规　　格	170毫米×240毫米　16开本　14.75印张　280千字
版　　次	2020年6月第1版　2020年6月第1次印刷
定　　价	68.00元

版权所有　翻印必究·印装错误　负责调换

PREFACE 前　言

　　成功的企业，其生存和发展能力都非常强，有的其至维持上百年长盛不衰。企业之所以成功，原因之一是这些企业通常都聚集了一群优秀的管理者，而这些优秀的管理者又是靠什么来实现管理的呢？很简单，他们靠的是灵活运用管理方法、管理技能、管理体系、管理文书、管理流程等管理工具，进行科学的、规范的管理。

　　企业管理制度是企业员工在企业生产经营活动中须共同遵守的规定和准则的总称。企业管理制度的表现形式或组成包括企业组织机构设计、职能部门划分及职能分工、工作岗位说明、专业管理制度、工作方法或流程、管理表单等管理制度类文件。纵观成功的企业，自身无不拥有完善的管理制度、流程、表格体系，在制度化、流程化、表格化管理方面堪当表率。

　　任何企业的管理都是一个系统工程，要使这个系统正常运转，实现高效、优质、高产、低耗，就必须运用科学的方法、手段和原理，按照一定的运营框架，对企业的各项管理要素进行规范化、程序化、标准化设计，形成有效的管理运营机制，即实现企业的规范化管理。

　　企业管理制度主要由编制企业管理制度的目的、编制依据、适用范围、管理制度的实施程序、管理制度的编制形成过程、管理制度与其他制度之间的关系等因素组成，其中属于规范性的因素有管理制度的编制目的、编制依据、适用范围及其构成等；属于规则性的因素有构成管理制度实施过程的环节、具体程序，控制管理制度实现或达成期望目标的方法及程序，形成管理制度的过程，完善或修订管理制度的过程，管理制度生效的时间，与其他管理制度之间的关系。

　　企业管理制度是企业管理制度的规范性实施与创新活动的产物，通俗地讲，企业管理制度＝规范＋规则＋创新。一方面，企业管理制度的编制须按照一定的规范来进行，企业管理制度的编制在一定意义上讲也是企业管理制度的创新，企业管理制度的创新过程就是企业管理制度文件的设计和编制，这种设计或创新是有其相应的规则或规范的。另一方面，企业管理制度的编制或创新是具有规则的，起码的规则就是结合企业实际，按照事物的演变过程，依循事物发展过程中内在的本质规律，依据企业管理的基本原理，实施创新的方法或原则，进行编制或创新，形成规范。

为了帮助企业完善制度体系，我们组织相关专家、学者编写了"成功企业管理制度与表格典范丛书"，本套丛书包括8个管理模块，每个模块独立成书。具体为：《行政管理必备制度与表格典范》《客户管理必备制度与表格典范》《企业内控管理必备制度与表格典范》《人力资源管理必备制度与表格典范》《营销管理必备制度与表格典范》《安全管理必备制度与表格典范》《财务管理必备制度与表格典范》和《供应链管理必备制度与表格典范》。

本套丛书最大的特点是具有极强的实操性和可借鉴性，它提供了大量的制度、表格范本，所有的范本都是对成功企业制度的解读，可供读者参考。

本套丛书可以作为企业管理人员、工作人员、培训人员在制定本企业管理制度时的参照范本和工具书，也可供企业咨询师、高校教师和专家学者做实务类参考指南。

由于编者水平有限，加之时间仓促、参考资料有限，书中难免出现疏漏与缺憾，敬请读者批评指正。

CONTENTS 目 录

第一章 销售部门架构与职位说明 ... 1

第一节 部门架构 ... 2
一、销售部的设置 ... 2
二、销售部的位置 ... 2
三、大型企业销售部常见架构 ... 3
四、中小型企业销售部常见架构 ... 4

第二节 岗位说明 ... 4
一、销售部经理岗位说明 ... 5
二、市场部主管岗位说明 ... 6
三、市场调查专员岗位说明 ... 7
四、市场推广专员岗位说明 ... 8
五、销售业务主管岗位说明 ... 9
六、销售代表岗位说明 ... 10
七、网络销售员岗位说明 ... 11
八、售后服务主管岗位说明 ... 12
九、售后接待员岗位说明 ... 13
十、维修专员岗位说明 ... 14
十一、跟单员岗位说明 ... 15
十二、销售部文员岗位说明 ... 16

第二章 市场调研管理 ... 19

第一节 市场调研管理概要 ... 20
一、市场调研的内容 ... 20

第二节　市场调研管理制度
一、市场调研管理规定 22
二、市场调研流程规定 25
三、问卷调研实施管理制度 29

第三节　市场调研管理表格
一、市场调研立项申请单（自行） 30
二、市场调研立项申请单（委托） 31
三、专项（自行）调研审核意见单 31
四、例行调研审核意见单 32
五、专项（委托）调研评估单 32
六、月度例行调研方案 33
七、市场调研计划表 33
八、市场调研报告表 34
九、竞争对手调查表 34
十、经销商户调查表 35
十一、消费者构成调查表 35
十二、各销售区域销量统计表 36

第三章　营销策划管理 37

第一节　营销策划管理要领
一、营销策划的主要内容 38
二、营销策划过程 38
三、营销策划原则 38

第二节　营销策划管理制度
一、营销策划工作管理制度 40
二、营销策划部管理制度 43

第三节　营销策划管理表格
一、市场分析计划表 48
二、新产品上市活动计划表 49

二、市场调研的实施步骤 21

三、营销策划费用预算表 50
　　四、营销策划方案审查表 50
　　五、营销策划方案执行表 51

第四章　渠道管理 53

第一节　渠道管理要领 54
　　一、渠道管理的具体内容 54
　　二、渠道管理的方法 54

第二节　渠道管理制度 56
　　一、经销商管理制度 56
　　二、代理商管理制度 74

第三节　渠道管理表格 80
　　一、潜在客户档案——经销商 80
　　二、经销商年度评估表 81
　　三、新经销商申请表 82
　　四、现有经销商调整报表 83
　　五、潜在客户名录——经销商 83
　　六、经销商每周拜访表 84
　　七、经销商月库存报表 84
　　八、经销商推广物料申请表 85
　　九、经销商推广费用申请表 85
　　十、经销商培训支持申请单 85
　　十一、经销商培训计划表 86
　　十二、经销商培训费用表 86
　　十三、经销商年度拜访计划 86
　　十四、代理商资信调查表 87
　　十五、代理商考核表 88

第五章 促销管理 91

第一节 促销管理要领 92
一、促销管理的主要内容 92
二、促销管理的实施步骤 92

第二节 促销管理制度 93
一、促销管理规定 93
二、助销物料管理办法 97
三、促销礼品管理办法 99
四、促销员管理办法 101

第三节 促销管理表格 107
一、促销工作计划表 107
二、促销活动申请表 107
三、促销活动计划表 108
四、促销申请表 108
五、促销安排表 108
六、区域____月份促销物品申请表 109
七、区域____月份 C 类促销品发放反馈表 109
八、促销总结表 109
九、促销成本分析表 110
十、促销活动总结表 111

第六章 销售合同签约管理 113

第一节 销售合同签约管理要领 114
一、销售合同的主要内容 114
二、销售合同签约管理步骤 114

第二节 销售签约管理制度 116
一、销售合同评审管理办法 116
二、销售合同评审管理程序 119
三、销售合同签约管理细则 123

第三节　销售签约管理表格 134
　　一、法人委托书申请书 134
　　二、法人委托书发放记录 134
　　三、销售合同专用章申请书 135
　　四、销售合同专用章发放记录 135
　　五、需方资信调查表 135
　　六、合同评审记录表 136
　　七、合同（协议）审核会签表 137
　　八、特殊合同评审表 138
　　九、合同登记表 138
　　十、合同变更申请单 139
　　十一、合同变更通知单 139

第七章　销售合同与订单执行 141

第一节　销售合同与订单跟踪管理要领 142
　　一、销售合同与订单跟踪的管理步骤 142
　　二、销售合同与销售订单的变更管理步骤 142

第二节　销售合同与订单跟踪管理制度 143
　　一、销售合同执行跟踪管理规定 143
　　二、订单运营管理制度 145

第三节　销售合同与订单跟踪管理表格 157
　　一、销售合同跟踪记录表 157
　　二、销售合同执行协调书 158
　　三、销售合同偏差处理报告 158
　　四、风险发货申请报告 159
　　五、销售合同执行月度记录表 159
　　六、出货计划单 160
　　七、订单出货管理表 160

第八章　销售回款管理 ... 161

第一节　销售回款管理概要 ... 162
一、回款管理工作的关键环节 ... 162
二、创设回款实现的良好条件 ... 163

第二节　销售回款管理制度 ... 164
一、公司销售回款管理制度 ... 164
二、销售回款预防与监控制度 ... 168
三、销售回款催收方案 ... 171

第三节　销售回款管理表格 ... 175
一、客户信用状况调查表 ... 175
二、月货款回收统计表 ... 177
三、销售货款回收统计表 ... 177
四、欠款通知函 ... 178
五、欠款催收函 ... 178
六、欠款确认函 ... 179
七、延期付款协议书 ... 180

第九章　客户管理 ... 183

第一节　客户管理要领 ... 184
一、客户信息调查 ... 184
二、客户资信管理 ... 185
三、客户拜访管理 ... 185
四、客户满意度的调查管理 ... 186
五、客户档案的管理 ... 187

第二节　客户信息管理制度 ... 188
一、新客户开发管理制度 ... 188
二、客户调查制度 ... 191
三、客户信用期限和信用额度管理制度 ... 192
四、大客户拜访管理制度 ... 194

五、客户来访接待管理制度 197
六、客户回访管理规定 200
七、客户满意度管理制度 203
八、销售档案管理制度 209

第三节　客户信息管理表格 214
一、新客户认定申请表 214
二、客户个人信息卡 215
三、客户基本信息卡 216
四、客户信用等级、信用额度、信用期限申请表（新客户）...... 217
五、客户信用等级、信用额度、信用期限申请表（老客户）...... 218
六、临时额度申请表 220
七、外出拜访计划表 220
八、借阅档案申请表 221
九、档案资料销毁审批表 221

第一章

销售部门架构与职位说明

第一节 部门架构

企业是由不同的部门组建的,每个部门都是企业的重要组成部分。但是如果部门组织架构设计不当,很容易造成各种问题,例如人浮于事或者人手紧缺等。因此,每个企业都应当根据自己的具体情况,选择最合适的部门架构。

一、销售部的设置

企业在进行销售部的设计时,除了要考虑企业自身的主导业务流程之外,还要考虑企业自身的特点及外部条件,要使销售部内部人员在具有较大独立性的同时,保持较高的凝聚度。但无论如何设置,都必须遵循以下几项要求。

销售部设置要求

序号	设置要求	详细说明
1	目标任务明确	销售组织的建立是为了完成企业的销售任务,因此必须有明确的工作目标和任务,只有明确了目标和任务,才能使销售部的组织架构最合适
2	分工明确	销售工作是一个整体运作系统,部门中的每一位成员都在为这个系统的目标尽自己的责任。因此,在建立企业销售部门时,应将总体任务进行分解,根据任务的性质、范围、数量确定分工,明确各自的工作内容和范围
3	责、权、利相结合	销售人员在履行销售职能时,必须明确自己的职责和任务,同时企业也应给予销售部门和销售人员相应的权利,以便于他们能按企业政策去更好地完成任务。责任与权利是对等的,权利越大,销售人员所承担的责任也就越大;同样,销售人员承担的责任越大,企业所应赋予销售人员的权利也应相应增加
4	精干、高效	企业在建立销售部时,应根据企业的实际情况,包括目标市场、企业规模、客户类型、分销方式等,结合销售人员完成任务的能力,确定合理规模和结构,使销售人员始终处于有效工作状态,各尽其责,不要人浮于事。同时应注意,精干不等于精简,要保证企业有充分的销售能力,以占领市场,满足销售,增加企业效益

二、销售部的位置

在生产制造型企业中,虽然因为情况不同,导致各企业架构有所不同,但是一些基本的部门,如研发部、生产部、销售部等,是必须配备的,销售部所处的位置如下图所示。

第一章 | 销售部门架构与职位说明

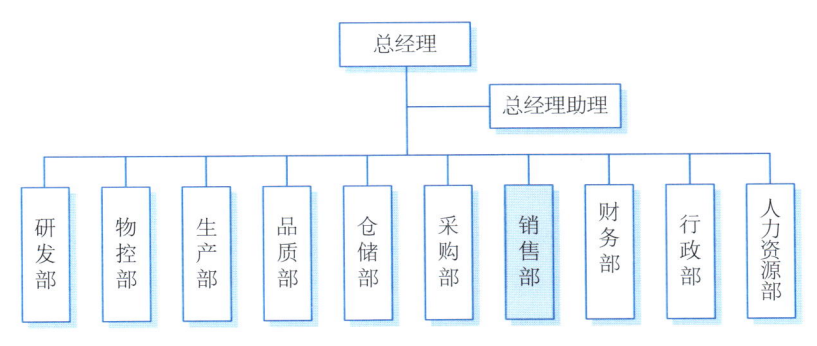

销售部的位置

备注：

① 销售部是企业的销售部门，其工作效率直接决定着企业的最终收入，因此，对企业具有极为重要的意义。

② 生产部生产的产品最终要通过销售部各级人员的努力销售出去，整个生产任务才算真正完成，同时客户的退货品也需要生产部进行返工或返修处理，因此，两个部门必须协调妥当。

三、大型企业销售部常见架构

大型企业销售部常见架构如下图所示。

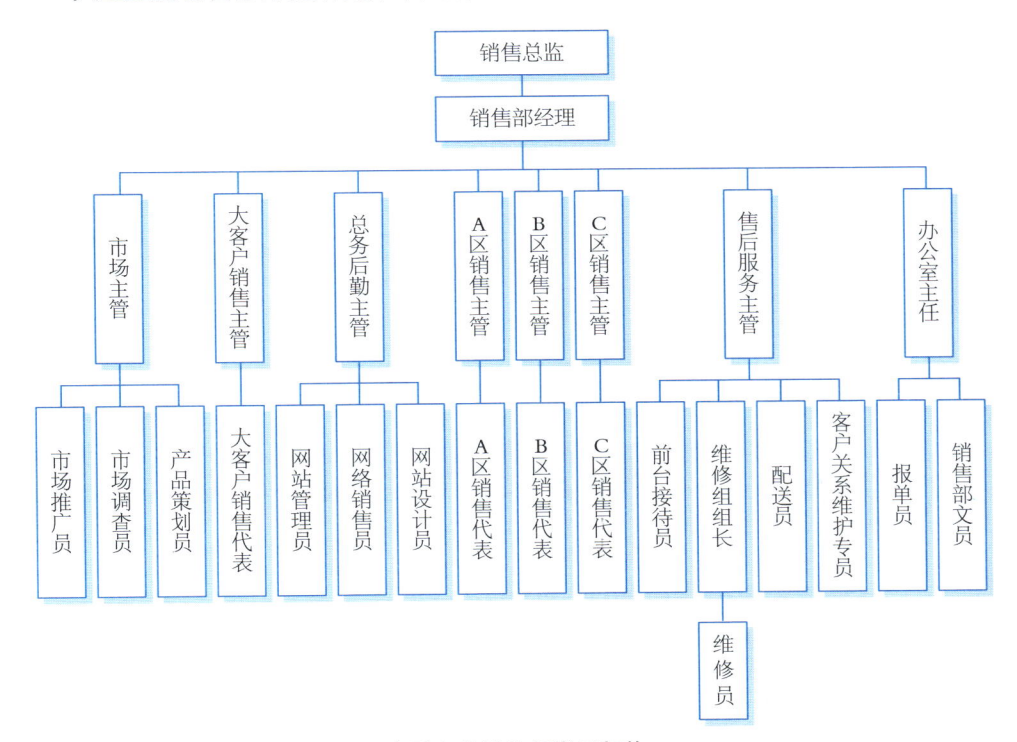

大型企业销售部常见架构

3

备注：

① 大型企业规模非常庞大，涉及的销售事务往往也较为复杂，因此，其架构也会较为复杂，往往在销售部经理之上再设一个销售总监，全面负责所有生产事务的协调处理。

② 大型企业岗位划分较细，往往会设立单独的大客户部负责大客户的管理，以及网络销售部，负责网络销售管理。

③ 由于大型企业业务量大，往往辐射全国，因此会将销售区域进行划分，如 A 区、B 区、C 区等，然后在每个区域设置主管和销售代表，以充分覆盖该区域。

四、中小型企业销售部常见架构

中小型企业销售部常见架构如下图所示。

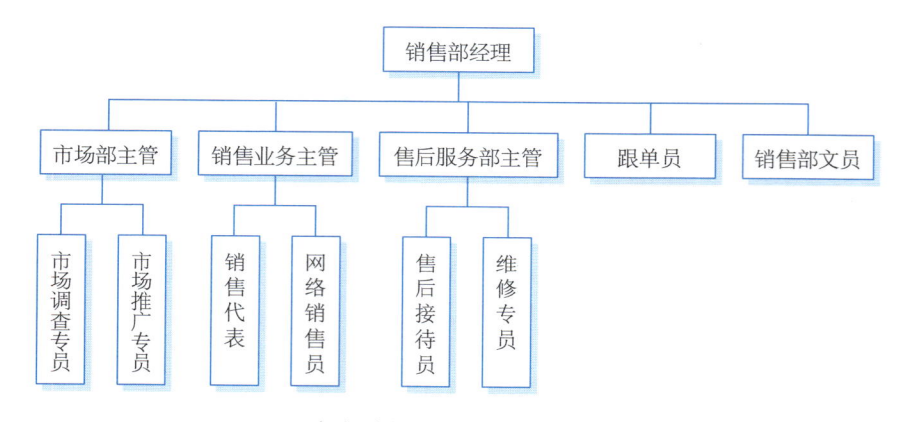

中小型企业销售部常见架构

备注：

① 根据《中小企业划型标准规定》，对中小企业的划型规定如下：从业人员 1000 人以下或营业收入 40000 万元以下的为中小微型企业，也就是通常所说的中小型企业。本书内容主要针对中小型企业。

② 中小型企业销售部的架构比较简单，层级较少，各级员工职责也比较明确，互相之间以及与相关部门之间的沟通比较简单。

第二节　岗位说明

　　销售部的岗位很多，例如销售部经理、市场部主管、市场调查专员、销售代表等。每个行业销售部的岗位设置不同，但一些核心岗位的职能却是类似的，例如销售代表负责产品的具体销售业务、跟单员负责跟单工作等。

一、销售部经理岗位说明

销售部经理岗位可参考以下说明书：

销售部经理岗位说明书

岗位名称	销售部经理	岗位代码		所属部门	销售部
职系		职等职级		直属上级	总经理

1. 岗位设置目的

全面负责销售部的日常运营管理，处理各项销售事务，保障公司产品能够顺利销售出去，并按时获得回款

2. 岗位职责

（1）负责组建和管理销售及组织架构体系，并负责对销售部的人员进行招聘、培训、指导、提升、管理和监控，确保所销售部域销售队伍的数量和质量，并对直属下级进行考核、激励，为公司业务发展培养和储备人才

（2）制定并完善销售部管理制度，对管理制度进行细化和完善，使其适用性和操作性更强，并对其执行效果负全责

（3）依据公司销售网络发展计划，加强市场的建设，确保本部门零售网络建设的数量和质量，并对本部门零售网络的建设、维护和发展负全责

（4）定期召开销售部经理会议，确保有效及时地开展工作，宣传新计划，寻求新机会，培训具有现代销售意识的销售队伍，树立团队精神

（5）负责对销售费用预算及销售合同的审定与监控，并对销售的货款回收负责

（6）负责销售市场一线信息的及时收集、分析与反馈，并根据分析结果及推广计划做出销售的若干月滚动销售预测，对此销售预测的真实、准确、及时、有效负全责

（7）依据销售部整体推广计划及促销计划，执行全国统一的市场推广计划

（8）负责本部门的公共关系，搞好与当地政府、金融机构、新闻机构及社区等的关系，树立良好的公司形象

（9）对各项售后服务工作负责，对销售人员及服务质量进行考评，同时要定期对公司的售后服务政策提供建设性的意见，以便从整体上提高售后服务水平

（10）完成上级交办的其他事项

3. 工作关系

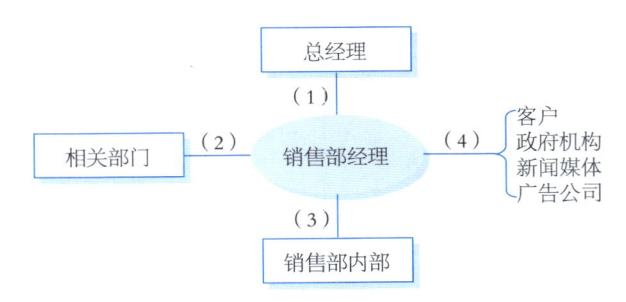

```
                    总经理
                      │
                    （1）
                      │
  相关部门──（2）──销售部经理──（4）──客户
                      │              政府机构
                    （3）            新闻媒体
                      │              广告公司
                  销售部内部
```

（1）协助总经理做好销售部的管理工作，向其提供各项销售信息，并提出改善建议，并落实其工作安排

（2）与生产部、仓储部、采购部等部门就销售工作的进展情况进行沟通协调

（3）领导采购部内部员工完成日常工作

（4）与客户、政府机构、新闻媒体、广告公司等外部机构做好沟通协调工作

4. 任职要求

（1）教育背景：本科以上学历，管理、统计、销售相关专业

续表

（2）经验：5年以上同行业销售管理经验
（3）专业知识：熟悉公司的作业与运作流程，对本公司生产的所有产品有全面的认识
（4）能力与技能：良好的沟通能力与领导能力，有发现问题并解决问题的能力、团队精神、较强的计算机办公软件使用技能

5. 工作条件
（1）工作场所：销售部办公室
（2）工作时间：固定（五天八小时制）
（3）使用设备：电脑、电话、计算器等

二、市场部主管岗位说明

市场部主管岗位可参考以下说明书。

市场部主管岗位说明书

岗位名称	市场部主管	岗位代码		所属部门	销售部
职系		职等职级		直属上级	销售部经理

1. 岗位设置目的
全面负责公司市场调查及推广工作，为产品的顺利销售打开通道，使公司产品顺利推向市场

2. 岗位职责
（1）制订年度市场推广策略和计划
（2）拟订并监督执行公关及促销活动计划，安排年、季、月及专项市场推广策划
（3）制订广告策略，制订年、季、月及特定活动的广告计划
（4）对市场进行科学的预测和分析，并为产品的开发、生产及投放市场做好准备
（5）制订月度、年度市场推广方案，严格贯彻执行和监控，并对本部门的执行效果负全责
（6）拟订并监督执行市场调查计划
（7）拟订并监督执行新产品上市计划和预算
（8）制订各项推广费用的申报及审核程序
（9）完成上级交办的其他事项

3. 工作关系

```
                    销售部经理
                        │
                       （1）
                        │
   相关部门 ──（2）── 市场部主管 ──（4）── 客户
                        │                    政府机构
                       （3）                  新闻媒体
                        │                    广告公司
              市场调查专员、市场推广专员
```

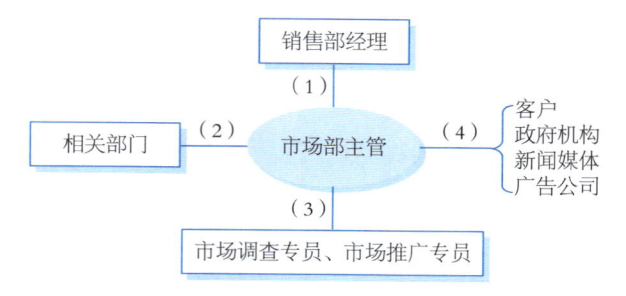

（1）接受销售部经理的直接领导，协助其做好产品的市场推广工作
（2）与相关部门就市场推广所需的各类信息进行沟通协调，并向其提供市场调查信息
（3）指导市场调查专员、市场推广专员开展工作，并听取其汇报
（4）就市场推广工作与客户、政府机构、新闻媒体、广告公司等机构进行沟通协调

续表

4. 任职要求 （1）教育背景：大专以上学历，管理、统计、销售相关专业 （2）经验：3年以上同行业销售管理经验 （3）专业知识：熟悉市场调查与推广作业流程，对本公司生产的所有产品有全面的认识 （4）能力与技能：良好的沟通能力与领导能力，有发现问题并解决问题的能力、团队精神、较强的计算机办公软件使用技能
5. 工作条件 （1）工作场所：销售部办公室 （2）工作时间：固定（五天八小时制） （3）使用设备：电脑、电话、计算器等

三、市场调查专员岗位说明

市场调查专员岗位可参考以下说明书。

市场调查专员岗位说明书

岗位名称	市场调查专员	岗位代码		所属部门	销售部
职系		职等职级		直属上级	市场部主管

1. 岗位设置目的 根据公司要求，开展各项市场调查工作，出具市场调查报告，使公司获得准确的市场信息
2. 岗位职责 （1）对区域、国内乃至国际范围内的市场环境进行调查，分析某种产品或服务的潜在市场 （2）确定调查方法，制作数据统计表格 （3）收集客户需求信息以及购买习惯等方面的信息 （4）收集竞争对手的相关信息，分析其价格、销量、销售手段等 （5）审核、分析相关数据，预测市场趋势和市场潜力 （6）制作调查报告 （7）根据调查报告，向管理层提出建议 （8）完成上级交办的其他事项

3. 工作关系
 	
                        市场部主管
                          （1）
相关部门 ——（2）—— 市场调查专员 ——（4）—— 客户 / 竞争对手
                          （3）
                        市场推广专员
 	
（1）接受市场部主管的直接领导，并协助其做好各类产品的市场调查工作
（2）向生产部、研发部、采购部等相关部门提供其所需的市场信息
（3）向市场推广专员提供相关市场信息
（4）从客户、竞争对手那里获取市场调查数据

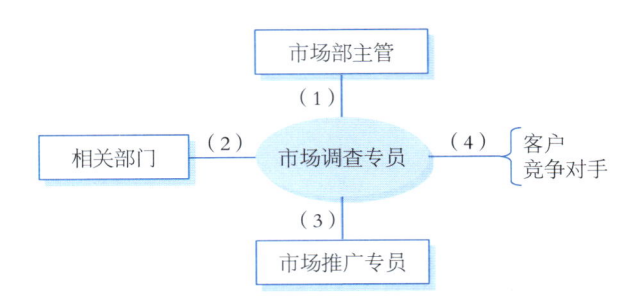

续表

4. 任职要求 （1）教育背景：中专以上学历，管理、统计、销售相关专业 （2）经验：2年以上同行业市场调查经验 （3）专业知识：熟悉市场调查作业流程，了解公司各类产品知识 （4）能力与技能：具有良好的沟通能力与表达能力、出色的思维分析能力、发现问题并解决问题的能力、应变能力、团队精神及较强的计算机办公软件使用技能
5. 工作条件 （1）工作场所：不固定 （2）工作时间：固定（五天八小时制） （3）使用设备：电脑、电话、计算器等

四、市场推广专员岗位说明

市场推广专员岗位可参考以下说明书。

市场推广专员岗位说明书

岗位名称	市场推广专员	岗位代码		所属部门	销售部
职系		职等职级		直属上级	市场部主管

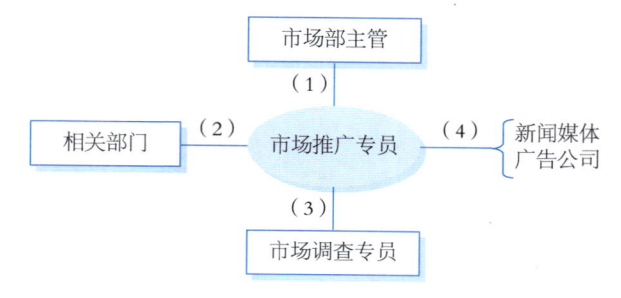

1. 岗位设置目的 全面负责公司各类产品的市场推广工作，保证产品能够被客户和消费者认知，提高公司产品美誉度
2. 岗位职责 （1）负责公司市场策划及广告业务的规划、组织、实施与协调 （2）把握市场动态，制订产品阶段市场拓展计划及整体策略 （3）不断进行市场拓展业务体系的建立、优化、培训和监控 （4）制订市场运作的年度、月度计划，并组织实施 （5）定期提交市场拓展情况的报告和市场分析报告 （6）进行与市场活动相关的关系网络的建立、管理和发展 （7）制订市场销售促进规划及渠道助销计划 （8）完成上级交办的其他事项
| 3. 工作关系<br><br>```
                    市场部主管
                        │
                       （1）
                        │
    相关部门 ──（2）── 市场推广专员 ──（4）── 新闻媒体
                                              广告公司
                        │
                       （3）
                        │
                    市场调查专员
```<br>（1）接受市场部主管的直接领导，并协助其做好各类产品的市场推广管理工作<br>（2）与研发部就产品的功能、特征、结构等信息进行沟通交流，向其他部门了解制订推广计划所需的必要资料<br>（3）向市场调查专员获知产品的市场竞争状况等<br>（4）与新闻媒体、广告公司等做好广告业务的洽谈工作 |
```

续表

4. 任职要求 （1）教育背景：中专以上学历，管理、统计、销售相关专业 （2）经验：2年以上同行业市场推广管理经验 （3）专业知识：熟悉公司的市场推广流程，了解公司生产的所有产品，熟知广告作业要领 （4）能力与技能：具有良好的沟通能力与表达能力、发现问题并解决问题的能力、团队精神及较强的计算机办公软件使用技能
5. 工作条件 （1）工作场所：不固定 （2）工作时间：固定（五天八小时制） （3）使用设备：电脑、电话、计算器等

五、销售业务主管岗位说明

销售业务主管岗位可参考以下说明书。

销售业务主管岗位说明书

岗位名称	销售业务主管	岗位代码		所属部门	销售部
职系		职等职级		直属上级	销售部经理
1. 岗位设置目的 全面负责各项销售任务的具体落实工作，确保销售任务按时完成，为公司提供充足的销售回款					
2. 岗位职责 （1）全面主持公司销售业务 （2）进行成本核算，提供商务报表及部门销售业绩的统计、查询、管理资料 （3）依据统计整理的数据资料，向上级提交参考建议与方案，用于改善经营活动 （4）整理公司订单、合同的执行情况并归档管理 （5）组织部门内部员工的培训与考核工作 （6）内部收支、往来账核对等账目处理 （7）接待来访客户及综合协调日常行政事务 （8）完成上级交办的其他事项					
3. 工作关系 　　　　　　　　销售部经理 　　　　　　　　　│（1） 　相关部门 ──(2)── 销售业务主管 ──(4)── 客户 　　　　　　　　　│（3） 　　　　　　　　　销售代表 （1）接受销售部经理的直接领导，协助其制订销售计划，并落实其工作安排 （2）与生产部、仓储部等相关部门做好日常沟通工作，共同参与客户订单的评审 （3）指导销售代表开展销售工作，并听取其回报 （4）负责大客户的开发与关系维护					

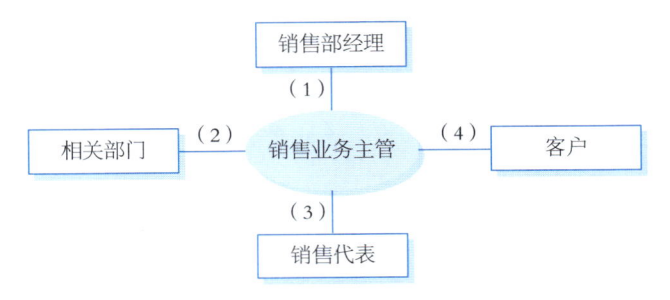

续表

4. 任职要求 （1）教育背景：大专以上学历，管理、统计、销售相关专业 （2）经验：4年以上同行业销售管理经验 （3）专业知识：熟悉客户需求，了解公司的销售技巧，熟知公司生产的所有产品 （4）能力与技能：具有良好的沟通能力与领导能力，善于与客户建立良好的人际关系，有发现问题并解决问题的能力、团队精神、较强的计算机办公软件使用技能
5. 工作条件 （1）工作场所：销售部办公室 （2）工作时间：固定（五天八小时制） （3）使用设备：电脑、电话、计算器等

六、销售代表岗位说明

销售代表岗位可参考以下说明书。

销售代表岗位说明书

岗位名称	销售代表	岗位代码		所属部门	销售部
职系		职等职级		直属上级	销售业务主管

1. 岗位设置目的 积极开发新客户，拓展公司产品销路，提高产品销量，为公司创造更多利润
2. 岗位职责 （1）依据公司制订的所负责区域的产品销售计划，分解产品销售目标 （2）执行公司销售策略，实施市场开拓任务 （3）运用销售技巧，完成销售任务 （4）做好客户回访工作 （5）收集潜在客户资料和新客户资料，为销售工作做好准备 （6）建立与维护客户关系，对于重要客户要保持经常的联系 （7）及时了解客户需求，向公司反馈产品情况 （8）定期向客户了解产品的使用情况、对价格的反馈情况等 （9）协调、处理相关客户及业务之间的关系 （10）及时、有效地处理客户投诉，保证客户对公司的满意度 （11）做好日常发货流水账 （12）账款的核算、催收 （13）对收回的账款要及时报账 （14）为公司提供市场趋势、需求变化、竞争对手和客户反馈等方面的准确信息 （15）定期向上级提交客户状况分析报告 （16）完成上级交办的其他事项
3. 工作关系 生产部／仓储部 ——(2)—— 销售代表 ——(4)—— 客户 销售业务主管 ——(1)—— 销售代表 销售代表 ——(3)—— 跟单员

10

续表

（1）接受销售业务主管的直接领导，落实公司的销售目标和计划，完成销售任务 （2）与生产部沟通产品生产状况，与仓储部沟通产品库存以及发货状况 （3）向跟单员提供销售订单，并接受其监督 （4）做好与客户的沟通工作，争取获得尽可能多的新客户，并建立客户信用等级档案
4. 任职要求 （1）教育背景：中专以上学历，管理、统计、销售相关专业 （2）经验：2年以上同行业销售管理经验 （3）专业知识：熟悉客户需求，了解公司的销售技巧，熟知公司生产的所有产品 （4）能力与技能：具有良好的沟通能力，善于与客户建立良好的人际关系，有发现问题并解决问题的能力、团队精神、较强的计算机办公软件使用技能
5. 工作条件 （1）工作场所：销售部办公室 （2）工作时间：固定（五天八小时制） （3）使用设备：电脑、电话、计算器等

七、网络销售员岗位说明

网络销售员岗位可参考以下说明书。

网络销售员岗位说明书

岗位名称	网络销售员	岗位代码		所属部门	销售部
职系		职等职级		直属上级	销售业务主管

1. 岗位设置目的 全面负责公司网络销售事务，提高公司知名度，扩大网络销售收入，为公司获取更多利润
2. 岗位职责 （1）制订公司网站网络销售计划，制订网络宣传发展目标 （2）建立公司网站与其他相关网站的友好联系，以提升流量 （3）负责与搜索引擎有关的一切工作 （4）负责网络宣传相关工作目标、计划的制订与落实 （5）负责公司网站的日常维护及更新 （6）负责公司网站的优化 （7）负责相关竞争对手、相关行业的信息收集，按周制作信息通报 （8）收集客户资料，在网站上寻找资源为公司提供业务来源 （9）接听和处理各种网络业务，开拓新的网络销售途径及形式 （10）收集网络订单，安排送货 （11）分析搜索引擎数据，及时调整搜索引擎费用投放策略 （12）浏览并注册各大论坛、分类信息网、QQ群、新浪微博、腾讯微博、微信等媒体，发布公司产品信息 （13）完成上级交办的其他事项

续表

3. 工作关系

```
                    销售业务主管
                         │
                        (1)
                         │
   生产部    ──(2)──  网络销售员  ──(4)──  客户
   仓储部                │
                        (3)
                         │
                       跟单员
```

（1）接受销售业务主管的直接领导，落实公司的网络销售目标和计划，完成销售任务
（2）与生产部沟通产品生产状况，与仓储部沟通产品库存以及发货状况
（3）向跟单员提供网络销售订单，并接受其监督
（4）做好与网络客户的沟通工作，争取获得尽可能多的新客户，并建立客户信用等级档案

4. 任职要求
（1）教育背景：中专以上学历，管理、统计、销售相关专业
（2）经验：2年以上同行业网络销售管理经验
（3）专业知识：熟悉客户需求，了解公司的销售技巧，熟知公司生产的所有产品
（4）能力与技能：具有良好的沟通能力，善于与客户建立良好的人际关系，有发现问题并解决问题的能力、团队精神，熟悉微博、微信等新媒体方式和网络销售技巧

5. 工作条件
（1）工作场所：销售部办公室
（2）工作时间：固定（五天八小时制）
（3）使用设备：电脑、电话、计算器等

八、售后服务主管岗位说明

售后服务主管岗位可参考以下说明书。

售后服务主管岗位说明书

岗位名称	售后服务主管	岗位代码		所属部门	销售部
职系		职等职级		直属上级	销售部经理

1. 岗位设置目的
全面负责售后服务事务的处理，向客户提供满意的售后服务

2. 岗位职责
（1）负责管理售后服务各服务项目的运作
（2）负责对客户服务、售后服务人员进行培训、激励、评价和考核
（3）负责对公司的客户资源进行统计分析
（4）负责按照分级管理规定定期对所服务的客户进行访问
（5）负责按销售部的有关要求对所服务的客户进行客户关系维护
（6）负责对客户关于产品或服务质量投诉与意见处理结果的反馈
（7）负责大客户的接待管理工作，维护与大客户长期的沟通和合作关系
（8）制定售后服务政策及员工的内部培训制度

续表

（9）及时处理客户的重大投诉及索赔事宜，监督并确保售后服务质量和顾客的满意度 （10）参与制订售后服务部人员计划及奖励制度，充分调动员工的积极性 （11）完成上级交办的其他事项
| 3. 工作关系<br><br>```
                        销售部经理
                            │(1)
         (2)                │                (4)
   相关部门 ──────── 售后服务主管 ──────── 客户
                            │(3)
                   售后接待员、维修专员
```<br><br>（1）接受销售部经理的直接领导，并协助其做好日常售后服务工作<br>（2）与生产部、采购部等部门做好沟通协调工作<br>（3）指导售后接待员、维修专员开展各自的工作，并听取其汇报<br>（4）亲自负责对大客户的接待工作，保证为大客户提供满意的服务 |
| 4. 任职要求
（1）教育背景：大专以上学历，管理、统计、销售相关专业
（2）经验：3年以上同行业售后服务经验
（3）专业知识：熟悉客户需求，了解公司的售后服务技巧，熟知公司生产的所有产品
（4）能力与技能：具有良好的沟通能力和领导能力，善于倾听，能够帮助客户解决产品质量问题，有发现问题并解决问题的能力、应变能力、团队精神、较强的计算机办公软件使用技能 |
| 5. 工作条件
（1）工作场所：售后维修场所
（2）工作时间：固定（五天八小时制）
（3）使用设备：电脑、电话、计算器等 |

九、售后接待员岗位说明

售后接待员岗位可参考以下说明书。

售后接待员岗位说明书

岗位名称	售后接待员	岗位代码		所属部门	销售部
职系		职等职级		直属上级	售后服务主管
1. 岗位设置目的 负责对需要进行售后服务的客户进行接待，为其提供良好的接待服务					
2. 岗位职责 （1）以服务客户为根本，对工作尽职尽责 （2）热情接待客户，必须使用文明用语，了解客户的需求及期望，为客户提供满意的服务 （3）着装保持专业外貌，待客热情、诚恳，谈吐自然大方，保持接待区整齐清洁					
```

续表

（4）熟练掌握产品知识，评估维修要求，及时准确地对维修产品进行报价，估计维修费用或征求有关人员（上级）意见，并得到客户确认后，开出维修工单，并耐心向客户说明收费项目及其依据
（5）认真接待客户，清楚仔细检查产品外观、内饰并认真登记
（6）掌握维修进度，确保完成客户交修项目，按时将状况完好的产品交付客户，对未能及时交付的产品应提前与客户沟通，讲清楚原因
（7）根据维修需要，在征求客户同意的前提下调整维修项目
（8）协助用户做好产品的结算工作，热情服务，提高客户的满意度
（9）协助做好客户的退货索赔工作
（10）处理好客户的投诉，根据实际情况认真耐心地做好解释，最大限度地降低客户的投诉
（11）宣传本公司，推销新技术、新产品，解答客户提出的相关问题
（12）完成上级交办的其他事项

3. 工作关系

```
                    售后服务主管
                         │
                        （1）
                         │
  维修专员 ──（2）── 售后接待员 ──（3）── 客户
```

（1）接受售后服务主管的直接领导，并协助其做好日常前来做售后处理的客户的接待工作
（2）通知维修专员进行维修作业
（3）做好对客户的接待工作，并做好维修记录

4. 任职要求
（1）教育背景：中专以上学历，管理、统计、销售相关专业
（2）经验：2年以上同行业售后接待服务经验
（3）专业知识：熟悉客户需求，了解公司的售后服务技巧，熟知公司生产的所有产品
（4）能力与技能：具有良好的沟通能力，善于倾听，能够帮助客户解决产品质量问题，有发现问题并解决问题的能力、应变能力、团队精神、较强的计算机办公软件使用技能

5. 工作条件
（1）工作场所：售后维修场所
（2）工作时间：固定（五天八小时制）
（3）使用设备：电脑、电话、计算器等

十、维修专员岗位说明

维修专员岗位可参考以下说明书。

维修专员岗位说明书

岗位名称	维修专员	岗位代码		所属部门	销售部
职系		职等职级		直属上级	售后服务主管

1. 岗位设置目的
全面负责售后产品的维修管理，保障维修质量，使客户获得满意的答复

续表

2. 岗位职责
（1）负责公司的售后技术服务管理与实施
（2）对客户的售后服务请求快速做出响应并及时解决问题
（3）负责组织有偿维修保障服务项目的承接
（4）负责维修技术资料的保存
（5）负责协助商务项目部组织用户考察
（6）总结维修维护技术经验，提高自身的技术水平和综合素质
（7）规范言谈举止，维护公司利益及公司形象
（8）完成上级交办的其他事项

3. 工作关系

```
              售后服务主管
                 │（1）
                 │
生产部 ──（2）── 维修专员 ──（4）── 客户
                 │
                 │（3）
              售后接待员
```

（1）接受售后服务主管的直接领导，并协助其做好日常维修处理工作
（2）对于出现问题的批量产品，与生产部沟通是否作返工处理
（3）接受售后接待员的维修任务安排，及时向其反馈维修成果
（4）与客户就产品的质量问题进行沟通协调

4. 任职要求
（1）教育背景：大专以上学历，管理、统计、销售相关专业
（2）经验：2年以上同行业维修工作经验
（3）专业知识：熟知公司生产的所有产品，了解各项维修知识
（4）能力与技能：具有良好的沟通能力，善于倾听，能够帮助客户解决产品质量问题，保障维修质量，有发现问题并解决问题的能力、应变能力、团队精神、较强的计算机办公软件使用技能

5. 工作条件
（1）工作场所：售后维修场所
（2）工作时间：固定（五天八小时制）
（3）使用设备：电脑、电话、计算器等

十一、跟单员岗位说明

跟单员岗位可参考以下说明书。

跟单员岗位说明书

岗位名称	跟单员	岗位代码		所属部门	销售部
职系		职等职级		直属上级	销售部经理

1. 岗位设置目的
全面负责销售订单的处理工作，跟踪订单，确保其准时交货

15

续表

2. 岗位职责
（1）负责销售订单的审查与开具
（2）跟踪每张订单的生产并将货品顺利地交给客户，收回应收回的款项
（3）同新、旧客户保持联系增加沟通
（4）接收客户的投诉信息，并将相关的信息传递到公司的相关部门
（5）根据客户订单要求交货时间、订单的紧急程度以及客户的信誉度结合库存情况及在途物料等情况安排销售发货
（6）跟踪产品库存数
（7）掌握、了解市场信息，开发新的客源
（8）完成上级交办的其他事项

3. 工作关系

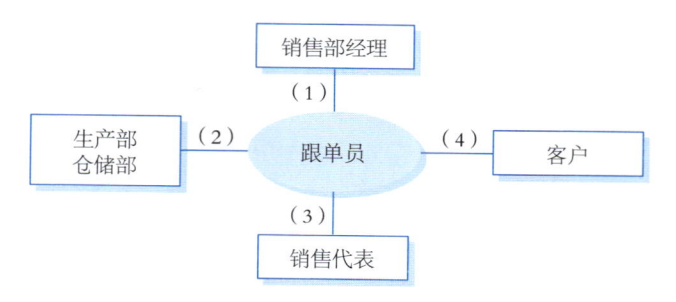

```
                    销售部经理
                       │
                      (1)
                       │
生产部 ──(2)──      跟单员      ──(4)── 客户
仓储部              
                      (3)
                       │
                    销售代表
```

（1）接受销售部经理的直接领导，并协助其做好日常跟单工作
（2）与生产部门沟通，让他们能更明确地了解客户订单状况，与仓储部沟通产品的库存状况
（3）收集销售代表获得的销售订单，与其就客户具体需求进行沟通
（4）与客户做好日常沟通工作

4. 任职要求
（1）教育背景：中专以上学历，管理、统计、销售相关专业
（2）经验：2年以上同行业跟单工作经验
（3）专业知识：熟知公司生产的所有产品，了解各项跟单知识
（4）能力与技能：具有良好的沟通能力，能够帮助客户解决投诉问题，有发现问题并解决问题的能力、应变能力、团队精神、较强的计算机办公软件使用技能

5. 工作条件
（1）工作场所：销售部办公室
（2）工作时间：固定（五天八小时制）
（3）使用设备：电脑、电话、计算器等

十二、销售部文员岗位说明

销售部文员岗位可参考以下说明书。

销售部文员岗位说明书

岗位名称	销售部文员	岗位代码		所属部门	销售部
职系		职等职级		直属上级	销售部经理

续表

1. 岗位设置目的 全面负责销售部日常办公事务的处理，维持销售部办公室的日常运作，使办公室有序运转
2. 岗位职责 （1）按要求完成每日的销售部管理日报表 （2）部门报表、单据的收集、归档及上缴、下传应做到准确无误，新资料及时下传 （3）负责部门员工的计勤、统计工作 （4）按要求办理销售部人员请假、辞工手续 （5）按部门要求准备好日常销售会议，做好会议记录，会议记录要完整、客观 （6）跟进公司与各相关部门已确定的事务的进度 （7）接听日常业务电话，负责一般来访者的接待工作，并做好记录，有问题及时上报生产部经理 （8）做好客户的档案和管理工作，听取和记录客户提出的建议、意见和投诉，并及时向上级主管汇报 （9）完成上级交办的其他事项

3. 工作关系
 	
``
          销售部经理
             │
            （1）
             │
相关部门 ─（2）─ 销售部文员 ─（3）─ 销售部内部
``
 	
（1）接受销售部经理的直接领导，并协助其做好销售部办公室的日常管理工作
（2）与品质部、采购部、仓储部、财务部等相关部门做好日常文件、数据、电话等往来沟通工作
（3）与销售部内部员工做好沟通工作，为其发放日常办公用品等

4. 任职要求 （1）教育背景：大专以上学历，管理、统计、销售相关专业 （2）经验：2年以上同行业办公经验 （3）专业知识：熟知公司生产的所有产品，了解各项文职工作要点 （4）能力与技能：具有良好的沟通能力，有发现问题并解决问题的能力、应变能力、团队精神、较强的计算机办公软件使用技能
5. 工作条件 （1）工作场所：销售部办公室 （2）工作时间：固定（五天八小时制） （3）使用设备：电脑、电话、计算器等

第二章

市场调研管理

第一节　市场调研管理概要

一、市场调研的内容

一般来说，市场调研主要包括以下几个方面：市场需求调研、消费者调研、竞争者调研等。具体细化为以下几个方面：

1. 销售活动调研

对销售活动的调研，主要包括以下事项：
（1）对本公司在同行业中的地位进行调研。
（2）测定推销能力与效率。
（3）测定各地区的市场潜力。
（4）计算各商品的销售量。
（5）计算或测算目标市场与结构容量。

2. 流通渠道调研

对销售机构包括零售、批发部门进行详细调研，研究流通渠道以及本公司在流通渠道上的障碍，进而确定本公司流通渠道的长度与覆盖面。

3. 消费者调研

对消费者的调研主要包括以下事项：
（1）消费者地域的人口分布。
（2）消费者的受教育程度。
（3）消费者的购买力情况（收入阶层情况）。
（4）消费者的价值倾向调查。

4. 商标地位调研

对商标地位的调研分析主要有以下事项：
（1）对同行或同类商品商标的变化情况、变化地点以及变化时间，进行系统调查。
（2）调查经销单位对商标的意见。
（3）倾听消费者对商标的意见。

5. 产品与包装调研

产品与包装的调研分析，主要包括以下事项：

（1）寻找或发现商品的新需求或新用途。
（2）对消费者所喜欢的外观包装进行调查。
（3）对新产品开发方向和内涵进行研究和探索。
（4）寻找流通中不良品产生的原因。
（5）对消费者的质量评价进行调查。

6. 舆论调研

为了弄清公司内外的舆论倾向，需要对以下事项进行调查：
（1）对公司经营的评价。
（2）公司公关工作的效果。
（3）公司商品销售地域的舆论。
（4）公司与交易伙伴的公关效果。

7. 价格调研

在新产品定价时，事先应进行价格方面的调查，主要包括以下事项：
（1）一般物价的涨落趋势。
（2）与代用商品的价格关系。
（3）竞争商品的价格调整趋势。

二、市场调研的实施步骤

一般来说，企业的市场调研应按照以下步骤实施。

1. 市场调研计划

调研计划的内容一般包括调研目标、调研对象、调研区域、调研方法以及调研预算五项内容，并且要编制调研计划表，交与销售主管审核。

2. 设计调研问卷

设计调研问卷是为了更好地收集调研者所需要的信息，因此，在设计调研问卷的过程中首先要把握调研的目的和要求，同时要争取被试调研者的充分配合，以保证最终问卷能提供准确、有效的信息资料。调研问卷必须通过认真仔细的设计、测试和调整，然后才可以大规模地使用。

3. 实施调研

调研一般分为以下两种方法。
（1）文案调查
文案调查是指以已存在的各种数据文件，用归纳及演绎方式，进行市场调查。

各种已存在的数据文件，又称次级资料。一般来说，二手资料相对比较便宜，并能很快地获取。

（2）实地调查

实地调查是指调查人员携带或邮寄调查表格到调查地点，或电话访问被调查，以者搜集市场第一手资料。可以用观察、询问的方法来获得。

4. 分析、整理数据

当市场调查全部工作结束后，市场调查人员无疑将会搜集到大量的资料，包括有关谈话记录、统计数字、影印图片、文章剪辑等。此时应首先对这些资料进行一系列的加工整理，以便为下一步的资料分析和制作调查报告做好必要的准备。

5. 编制市场调研报告

调查报告是对某项工作、某个事件、某个问题经过深入细致的调查后，将调查中收集到的材料加以系统整理，分析研究，以书面形式向组织和领导汇报调查情况的一种文书。

阅读市场调研报告的人，一般都是繁忙的企业经营管理者或有关机构负责人。因此，撰写市场调查报告时，要力求条理清楚、言简意赅、易读好懂。

第二节 市场调研管理制度

一、市场调研管理规定

标准文件		市场调研管理规定	文件编号	
版次	A/0		页次	

1. 目的

为了确保公司及时掌握市场情况，有效地对市场信息进行管理，做出符合实际的市场预测，并据此制定正确的经营方针，特制定本规定。

2. 组织领导

本公司市场调研活动由市场部总监领导，市场调研主任负责具体实施。

3. 管理规定

3.1 市场调研的类型

3.1.1 定期调研。根据公司品牌战略和发展规划，制订相应市场调研计划，原则上应在每年 12 月底前制订下一年度市场调研工作计划，具体由市场调研主任拟制，交市场部总监和营销总监审批。

3.1.2 不定期调研。在新产品上市或其他临时需要了解市场动态和反应时，市场调研组根据需要临时组织市场调研项目，为本部门及其他相关部门提供决策支持。

3.1.3 资料收集。市场调研组应牵头组织其他相关部门实时收集市场情况、行业政策信息，及国内外有关的统计资料和文献报告，并对所收集信息进行分析整理，建档留存。

3.2 市场调研内容

通常本公司涉及的市场调研包括以下所列内容。

市场调研的内容	项目
市场与行业分析	（1）分析区域市场特征 （2）调研市场需求量及变化 （3）市场占有率分析 （4）探讨行业变化及原因
消费者调研	（1）调查消费者购买与使用习惯 （2）调查消费者购买动机与影响因素 （3）了解品牌知名度、印象与偏好程度 （4）调查消费者使用产品满意与不满意的原因
经销商调研	（1）经销商资料及销售统计 （2）经销商表现评估
产品调研	（1）产品包装的研究 （2）产品生命周期的研究 （3）新产品试销调查 （4）产品表现评估
竞品调研	（1）竞品价格及变化趋势调研 （2）竞品促销调查及追踪
竞争者的调查	（1）竞争者的基本研究 （2）竞争者的产品与品牌定位 （3）竞争者的销售策略 （4）竞争者的广告效应

本公司市场调研内容包括但不限于上表所列事项，同时，具体调研项目及周期，依照市场部年度市场调研工作计划执行。

3.3 市场调研计划

3.3.1 制订年度调研计划。根据公司品牌战略和发展规划，制订相应市场调研计划，原则上应在每年 12 月底前制订下一年度市场调研工作计划，具体由市场调研主任拟制，交市场部总监和营销总监审批后生效。

3.3.2 具体调研任务的计划应遵循以下原则：

（1）清晰地描述调查所要解决的市场营销问题。
（2）准确地界定所要调查的主体（产品、服务或其他）。
（3）确定市场调查的范围。
（4）确定采用的调查方法。
（5）调查成本预算。
（6）调查进度安排。

3.4 市场调研方案

3.4.1 调研方案设计。市场调研方案由市场调研主任在实施前 15 个工作日制订。方案至少包含调研目的、调查方法、调查对象以及时间、人员、费用的详细预算几部分内容。

3.4.2 调研方案审批。市场调研主任按调研需求设计调研方案，由市场总监负责对方案的科学性审核，提出修改意见，方案确定后，由营销总监对预算进行审批，通过后报总裁办进行最终审批确认。

3.5 市场调研实施

3.5.1 问卷调查

（1）设计调查问卷。问卷类的调查应在实行前 10 天设计，需遵循如下程序。

① 确定调研需要的信息，框定调研问卷问题的范围。

② 确定问题的内容，明确在问卷中要提出哪些问题、包含哪些调查项目。为了保证调研效果，在保证获取所需信息的前提下，要尽量减少问题数量，降低回答难度。

③ 根据问卷内容的特点，确定问题的类型。问题主要有自由问题、多项选择题和二分问题三种。

④ 确定问题的顺序，以提高被调查者的兴趣。

⑤ 针对设计好的问卷，选择小样本进行预试，以发现并改善问卷的缺点，提高问卷的质量。

（2）组织市场调研人员培训。在调研开始前一周开始招募调研人员，并组织培训。

（3）问卷调查的实施。市场调研主任负责方案的具体实施，包括人员的配置、地点的选定等，当受客观条件影响需要临时修改方案时，应将修订的方案呈报市场总监审核；涉及相关预算的修改，需经营销总监审批。

（4）问卷的回收。在问卷调查结束第一时间回收问卷。

（5）结果统计与分析。

（6）撰写调查报告。市场调研主任负责调查报告的撰写。

3.5.2 定性访谈调查。

（1）设计访谈提纲。正式访谈调查之前，市场调研主任提前10天将调查目的、对象、人数及访谈内容详细列出提纲，交市场总监审查确认。确定主持人的人选。

（2）访谈对象的募集。市场调研主任负责提前1周约请、组织受访人员，确保受访人能顺利到场，正式调查前1天再次通过电话确认时间、地点。

（3）谢礼的准备。给访谈对象的谢礼应提前3天准备好。

（4）会场的布置及道具的准备。会场的布置及麦克风、录音笔、摄像机等相应道具的准备应提前一天完成，并在开始前调试所有相关设备，确保正常记录。

（5）访谈的实施。主持人按访谈提纲的内容引导受访者发言，现场至少有1名支持者为访谈提供茶水等协助。

（6）访谈结果的整理。访谈结束后，主持人负责汇集每个小组的出席者特征，按每个提问项目将发言内容进行整理。

（7）报告的撰写。主持人与/或市场调研主任负责调查报告的撰写。

3.5.3 资料搜集分析调查。

（1）确定调查方向。市场调研主任负责明确并准确地描述调查目标，安排好调查进度、时间。

（2）选定资料、数据。所有参与调查的人员按既定调查目标分头搜集资料。初步选定能服务调查目标的资料、数据。市场调研主任负责资料、数据的最终筛选。

（3）资料/数据的分析整理。市场调研主任负责整理分析最终的有效数据信息。

（4）撰写报告。市场调研主任负责报告的撰写。

拟定		审核		审批	

二、市场调研流程规定

标准文件		市场调研流程规定	文件编号	
版次	A/O		页次	

1. 总则

1.1 目的

统一规范公司市场调研自立项、方案制订到实施、调研报告编写、记录档案等各过程的管理程序及相应权责，以实现公司市场调研工作的规范化、程序化、标准化，为公司决策提供准确、真实、有效的信息，提高决策效率，提升公司竞争力，特制定本规定。

1.2 适用范围

本规定适用于公司营销部市场调研的管理。

2. 市场调研释义及分类

2.1 市场调研是指根据公司开发业务流程，以满足客户需求为中心、以实现产品和客户需求匹配为目标，运用科学的方法，有计划、系统地收集、整理、分析研究有关营销方面的信息，提出解决问题的方案，为企业营销管理者了解营销环境、发现机会与问题、制定正确的营销决策提供依据。

2.2 市场调研分类

2.2.1 专项调研：针对具体的营销要求，在特定时间段内进行的调研。

2.2.2 例行调研：针对公司长期发展、掌握市场动态需要而例行开展的调研活动。

3. 职责

3.1 负责所在地区的例行调研。

3.2 负责本部门工作需要的专项调研。

3.3 负责被委托单位市场调研的控制及评估。

3.4 负责本部门调研资料的存档。

4. 市场调研管理程序

4.1 立项

4.1.1 专项调研立项。

（1）营销部门根据有权指令人的指令，进行专项调研的立项。

（2）营销部门提出调研立项要求，自行调研填写"调研立项申请单（自行）"，委托调研填写"调研立项申请单（委托）"，营销部门所在公司职能分管领导审批同意后立项。

（3）需委托专业公司开展的市场调研须公司总经理审批。

（4）专项市场调研立项后，公司职能分管领导指定该项市场调研的调研负责人，调研负责人全面负责该项市场调研的全面执行。

（5）调研负责人编制《市场调研任务书》;《市场调研任务书》由营销部门责任人初审，职能分管领导复审。

4.1.2 例行调研立项

（1）例行调研立项由公司营销部门根据公司项目发展的需要在计划月度第一个星期提出，并提交《月度例行调研方案》，经职能分管领导同意后立项。

（2）在调研内容、方式、人员上发生较大变化时，报所在公司职能分管领导审核。

4.2 任务下达

4.2.1 专项调研任务下达。

（1）自行开展的专项调研。

① 营销部门责任人与调研负责人共同进行调研实施团队的组织；
② 调研负责人依据《市场调研任务书》拟订调研方案；
③ 营销部门责任人审核调研方案，职能分管领导复审。
（2）委托专业市场调研单位的专项调研。
① 须按《营销协作单位管理规定》进行协作单位的聘请；
② 依据《市场调研任务书》向协作单位下达任务。
4.2.2 例行调研任务下达。
营销部门责任人指定专人进行。
4.3 实施
4.3.1 专项调研。
（1）自行开展的专项调研。
① 调研负责人负责调研团队和调研实施过程的统筹协调；
② 调研团队实施调研，整理调研资料，撰写调研报告；
③ 营销部门负责人对调研过程进行监控。
（2）委托专业协作单位的专项调研。
① 须按《营销协作单位管理规定》进行协作单位的管理；
②《市场调研任务书》是协作单位实施调研的基本依据；
③ 调研负责人对市场调研实施过程进行严格监控。
4.3.2 例行调研。
营销部门责任人指定专人依据《月度例行调研方案》实施调研。
4.4 审核
4.4.1 专项自行调研由营销部门责任人进行调研报告的初审，初审通过后，职能分管领导组织营销部有关人员对调研报告进行专项审核，营销部负责人负责填写"专项调研（自行）审核单"。
4.4.2 例行调研由营销部门责任人审核调研报告，例行调研在计划月度后一个月中旬前进行月度总体审核，由营销部负责人和调研组成员共同审核，调研负责人填写"例行调研审核单"。
4.5 内部共享
4.5.1 专项调研成果需传阅至各所在公司相关职能部门，由职能分管领导根据专项调研的具体情况确定需传阅部门。
4.5.2 例行调研在营销部门责任人审核通过后，由调研责任人输入营销部市场调研数据库。
4.6 评估
4.6.1 只有专项委托调研报告需要专项评估。

4.6.2 专项委托调研报告评估，由职能分管领导组织公司总经理、副总经理和工程部、财务部、办公室、前期部、营销部等部门负责人共同评估，由营销部负责人做评审会议纪要及填写"专项调研（委托）评估单"，职能分管领导初审，总经理最终审核后，由调研责任人传送给被调研公司对调研报告进行补充修改。

4.7 存档

营销部门应在调研报告完成后（经职能领导审批）在本部门即时存档。

5. 专项调研工作程序及控制要点

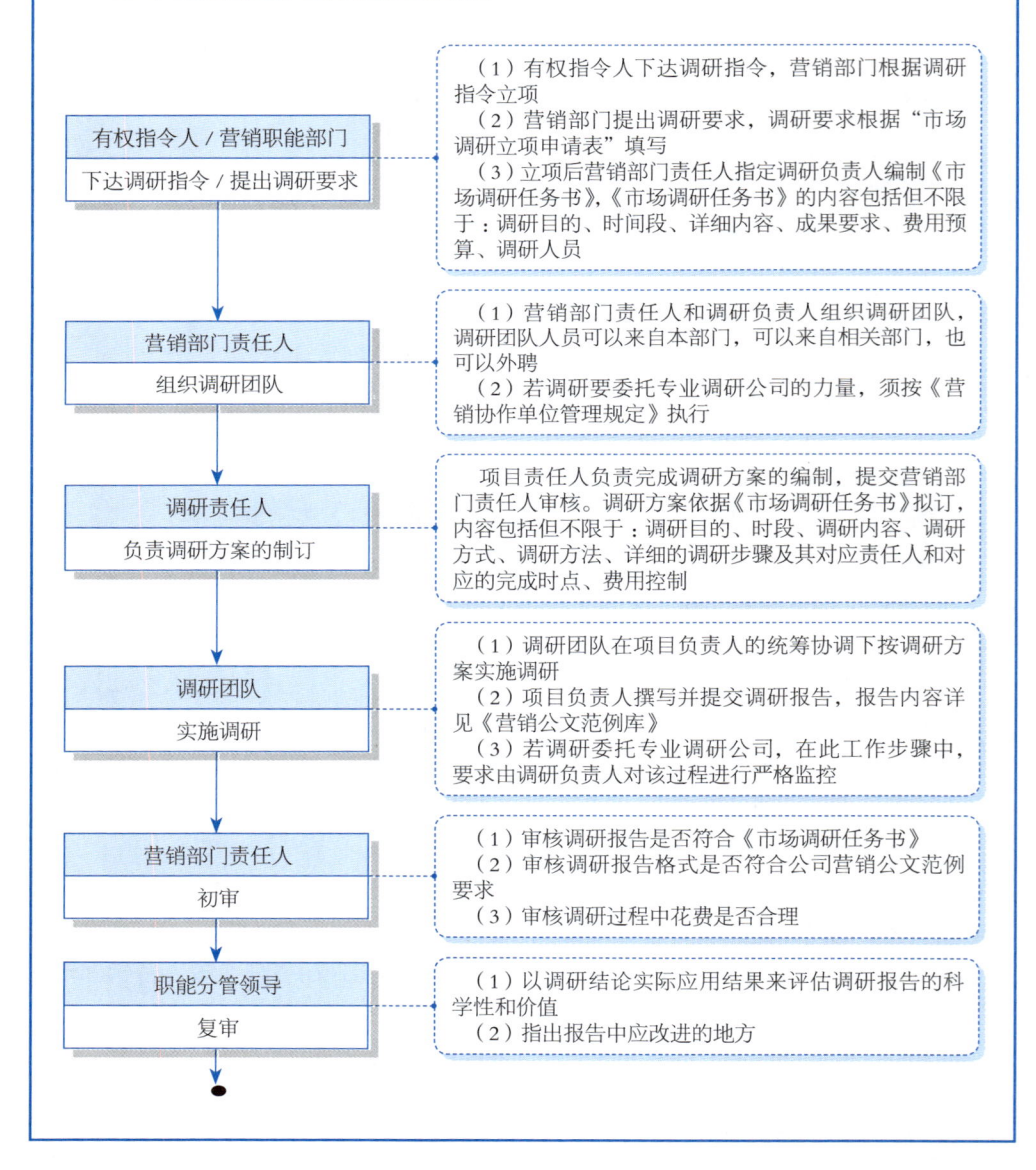

有权指令人/营销职能部门
下达调研指令/提出调研要求

（1）有权指令人下达调研指令，营销部门根据调研指令立项
（2）营销部门提出调研要求，调研要求根据"市场调研立项申请表"填写
（3）立项后营销部门责任人指定调研负责人编制《市场调研任务书》，《市场调研任务书》的内容包括但不限于：调研目的、时间段、详细内容、成果要求、费用预算、调研人员

营销部门责任人
组织调研团队

（1）营销部门责任人和调研负责人组织调研团队，调研团队人员可以来自本部门，可以来自相关部门，也可以外聘
（2）若调研要委托专业调研公司的力量，须按《营销协作单位管理规定》执行

调研责任人
负责调研方案的制订

项目责任人负责完成调研方案的编制，提交营销部门责任人审核。调研方案依据《市场调研任务书》拟订，内容包括但不限于：调研目的、时段、调研内容、调研方式、调研方法、详细的调研步骤及其对应责任人和对应的完成时点、费用控制

调研团队
实施调研

（1）调研团队在项目负责人的统筹协调下按调研方案实施调研
（2）项目负责人撰写并提交调研报告，报告内容详见《营销公文范例库》
（3）若调研委托专业调研公司，在此工作步骤中，要求由调研负责人对该过程进行严格监控

营销部门责任人
初审

（1）审核调研报告是否符合《市场调研任务书》
（2）审核调研报告格式是否符合公司营销公文范例要求
（3）审核调研过程中花费是否合理

职能分管领导
复审

（1）以调研结论实际应用结果来评估调研报告的科学性和价值
（2）指出报告中应改进的地方

```
                ●
  ┌─────────────────────────┐      ┌──────────────────────────────────────┐
  │   公司各部门汇审评估报告   │      │ （1）调研负责人对汇审情况进行全场录音  │
  ├─────────────────────────┤ ◄─── │ （2）营销部负责人做评审会议纪要及填写  │
  │   专项委托评估调研报告    │      │    "专项调研（委托）评估单"         │
  └─────────────────────────┘      │ （3）调研负责人将需要对报告内容修改的  │
                │                   │    部分传真给被委托调研公司         │
                ▼                   └──────────────────────────────────────┘
  ┌─────────────────────────┐      ┌──────────────────────────────────────┐
  │      调研报告存档         │ ◄─── │ 存档资料包括但不限于下列内容：市场调研立项申 │
  └─────────────────────────┘      │ 请单、调研任务书、调研方案、调研报告、审核/评估 │
                                    │ 记录、会议纪要、函件等                │
                                    └──────────────────────────────────────┘
```

拟定		审核		审批	

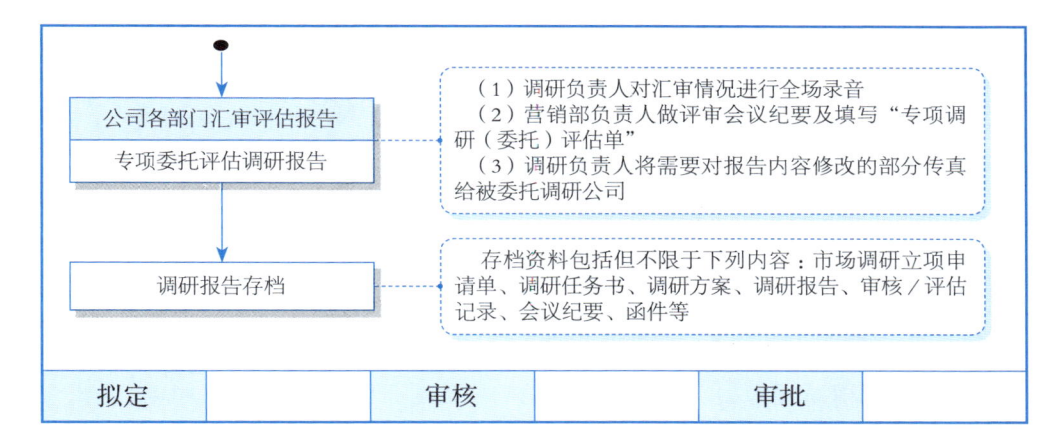

三、问卷调研实施管理制度

标准文件		问卷调研实施管理制度	文件编号	
版次	A/0		页次	

1. 目的

为规范调研人员行为，保障问卷调研工作顺利进行并取得良好效果，特制定本制度。

2. 适用范围

适用于本公司问卷调研的开展。

3. 管理规定

3.1 调研人员组成

调研人员一般由市场部市场调研组雇佣社会人员或由直接委托调研机构的人员组成。

3.2 调研人员管理

调研人员由市场调研主任协助协调，市场部总监进行管理。

3.3 前期准备

3.3.1 调研人员应事先熟悉问卷内容。

3.3.2 调研人员应事先了解调研地区和调研对象的基本情况，以便于后期调研工作顺利进行。

3.3.3 调研人员应将调研用物品器具准备齐全，包括为被访问者预备的小礼品。

3.4 调研原则

3.4.1 文明礼貌，态度谦和，对被访问者应予以充分尊重。

3.4.2 提问的方式。按问卷中的问题顺序发问，不对问卷之外的问题作交谈，同时，提问时注意避免掺杂个人主观意见而干扰对方的选择。

3.4.3 不和被访问者争论。

3.4.4 如果采用卡片式问卷，调研人员在被访问者填写问卷过程中应注意避免凝视对方等干扰对方正常答卷的行为，确保答卷在 5 分钟之内完成。

3.5 记录处理

3.5.1 调研人员应向被访问者说明意图，保证其个人信息不被泄露，以取得对方信任和配合。

3.5.2 调研人员应如实地记录访谈结果。

3.5.3 调研结束后，应对占用被访问者宝贵的时间表示歉意，赠送小礼品，并向对方保证绝对保守秘密，希望将来能再次合作。

3.5.4 调研结束后，调研人员应及时整理问卷，做回答者的观察记录，整理调研对象表，撰写当日的报告书，向调研监督者报告。

拟定		审核		审批	

第三节 市场调研管理表格

一、市场调研立项申请单（自行）

市场调研立项申请单（自行）

编号：　　　　　　　　　　　　　　　　　　　　　　日期：＿＿＿年＿＿月＿＿日

申请单位/部门		项目负责人	
市场调研名称			
调研目的			
调研时段	注：包括市场调研报告撰写时间		
调研基本内容			

续表

所需支持条件（人员、费用等）	
部门意见	
职能分管领导意见	

二、市场调研立项申请单（委托）

市场调研立项申请单（委托）

编号：　　　　　　　　　　　　　　　　　　　　　日期：_____年___月___日

申请单位/部门		项目负责人	
市场调研名称			
调研目的			
调研时段	注：包括市场调研报告撰写时间		
调研基本内容			
所需支持条件（人员、费用等）			
部门意见			
职能分管领导意见			
总经理意见			

三、专项（自行）调研审核意见单

专项（自行）调研审核意见单

编号：　　　　　　　　　　　　　　　　　　　　　日期：_____年___月___日

市场调研责任部门		项目负责人	
市场调研名称			

续表

部门责任人初审意见	
职能分管领导复审意见	

四、例行调研审核意见单

例行调研审核意见单

编号：　　　　　　　　　　　　　　　　　　　　　　　　日期：＿＿＿＿年＿＿＿月＿＿＿日

市场调研责任部门		项目负责人	
市场调研名称			
调研责任人初审意见			
营销部意见			

五、专项（委托）调研评估单

专项（委托）调研评估单

编号：　　　　　　　　　　　　　　　　　　　　　　　　日期：＿＿＿＿年＿＿＿月＿＿＿日

市场调研责任部门			项目负责人		
市场调研名称					
公司各部门评估意见	报告肯定点（空白不足，可以另附纸张）：				
	需补充及修改内容（空白不足，可以另附纸张）：				
	营销部	前期部	工程部	财务部	办公室
公司副总审核意见	职能分管副总：		副总：		副总：
总经理意见					

六、月度例行调研方案

月度例行调研方案

编号：　　　　　　　　　　　　　　　　　　　　　　　日期：＿＿＿年＿＿＿月＿＿＿日

市场调研责任部门			项目负责人	
楼盘调研	区域		楼盘名称	
	调研时间		编写报告完成日期	
	调研的项目			
日常信息收集			报告日期	
			每月 8～14 日	
调研结果体现	《市调报告》《营销部月市场报表》			
职能分管领导复审意见				

七、市场调研计划表

市场调研计划表

编号：　　　　　　　　　　　　　　　　　　　　　　　日期：＿＿＿年＿＿＿月＿＿＿日

调研项目名称			
调研区域		调研时间	
主持人		调研目标	
调研内容			
考虑因素			
方法设计			
人力保障			
预算			
备注			
市场总监意见			
营销总监意见			

33

八、市场调研报告表

市场调研报告表

编号：　　　　　　　　　　　　　　　　　　　　　　日期：＿＿＿＿年＿＿月＿＿日

部经理： 本部门自＿＿月＿＿日开始的（　　　　　）市场调研，其结果报告如下。			
内容			
对象			
状况			
动向			
统计		图解	
阶段性或 结论性成果			

九、竞争对手调查表

竞争对手调查表

编号：　　　　　　　　　　　　　　　　　　　　　　日期：＿＿＿＿年＿＿月＿＿日

调查区域		调查人员姓名		调查时间	
企业基本情况					
竞争对手名称		企业地址			
业务员情况					
业务员姓名		学历、年龄			
服务时间		业务员口才			
待遇		销售的对象			
营销能力		业务员给客户的印象			
业务方针及做法					
产品情况					
产品种类					
产品外观		产品品质			
市场占有率		产品价格			
补充说明					

十、经销商户调查表

经销商户调查表

编号：_____   日期：_____年___月___日

经销商名称				产权性质		
注册地址				注册资金		
成立日期				电话		
经营地点				电话		
销售收入				员工人数		
法人代表	姓名			负责人	姓名	
	电话				电话	
经营品种						
银行往来				交易情况		
经营能力				卖场数量		
地域分布				库存状况		
合作方式				合作厂家		
主要供应商				主要客户		
合作意向						
当地市场地位						
促销方式				促销投入		
计划目标				支持条件		
业内评价				综合评价		
备注						

十一、消费者构成调查表

消费者构成调查表

编号：_____   日期：_____年___月___日

项目		产品1	产品2	产品3	产品4	产品5	产品6
性别	男						
	女						
年龄	<20岁						
	20～30岁						

续表

项目		产品 1	产品 2	产品 3	产品 4	产品 5	产品 6
年龄	30～40 岁						
	40～50 岁						
	50 岁以上						
职业	普通工作人员						
	白领 / 企业主管						
	家庭主妇						
	离退休人员						
月收入	<3000 元						
	3001～5000 元						
	5001～8000 元						
	8000 元以上						
备注							

十二、各销售区域销量统计表

各销售区域销量统计表

编号： 　　　　　　　　　　　　　　　　　　　　　日期：＿＿＿年＿＿月＿＿日

产品	区域 1		区域 2		区域 3		区域 4	
	销售额	增长率	销售额	增长率	销售额	增长率	销售额	增长率
产品 1								
产品 2								
……								
备注								

第三章

营销策划管理

第一节　营销策划管理要领

营销策划是根据企业的营销目标，通过企业设计和规划企业产品、服务、创意、价格、渠道、促销，从而实现个人和组织的交换过程的行为。以满足消费者需求和欲望为核心。

一、营销策划的主要内容

营销策划的主要内容有：营销战略规划、产品全国市场推广、一线营销团队建设、促销政策制定、专卖体系等特殊销售模式打造、终端销售业绩提升、样板市场打造、分销体系建立、渠道建设、直营体系建设、价格体系建设、招商策划、新产品上市策划、产品规划、市场定位、营销诊断、网络营销平台的创立等。

二、营销策划过程

菲利普·科特勒认为：营销开始于业务计划过程之前。与制造和销售观点不同，该业务过程由价值创造和随后的传递组成，这个过程包括三个阶段。

第一，选择价值。在任何产品产生以前，必须先做营销"作业"。营销工作过程主要由细分市场（segmentation）、目标（targeting）、定位（positioning），即STP组成，它是战略营销的精粹。

第二，一旦业务单位选择好了将提供给目标市场的价值，它即准备提供价值工作。有形产品和服务必须具体明确，目标价格必须建立，产品必须制造和分销给市场。在第二个阶段，开发特定产品的性能、价格和分销策略，这也是战术营销的内容。

第三，传播价值。延伸战术营销，组织销售力量、促销、广告和其他推广工作，以使该产品为市场所知。营销过程始于产品以前，继续于产品开发之中，在产品销售之后还应延续。

三、营销策划原则

营销策划应遵循下列原则：

1. 系统性原则

企业的营销策划是一个系统工程，它是企业全部经营活动的一部分，营销策划工作的完成有赖于企业其他部门的支持和合作，并非营销一个部门所能解决的，而需要生产部门、设计部门、财务部门的分工配合；进行营销策划时要系统地分析宏观环境因素、竞争情况、消费需求、本企业产品及市场情况等，将这些因素中的有利一面最大限度地综合利用起来。

2. 创新性原则

网络为顾客对不同企业的产品和服务所带来的效用和价值进行比较带来了极大的便利。在个性化消费需求日益明显的网络营销环境中，通过创新，创造和顾客的个性化需求相适应的产品特色和服务特色，是提高效用和价值的关键。特别的奉献才能换来特别的回报。创新带来特色，特色不仅意味着与众不同，而且意味着额外的价值。在营销方案的策划过程中，必须在深入了解营销环境尤其是顾客需求和竞争者动向的基础上，努力营造旨在增加顾客价值和效用、为顾客所欢迎的产品特色和服务特色。

3. 操作性原则

营销策划的第一个结果是形成营销方案。营销方案必须具有可操作性，否则毫无价值可言。这种可操作性表现为，在营销方案中，策划者根据企业营销的目标和环境条件，就企业在未来的营销活动中做什么、何时做、何地做、何人做、如何做的问题进行了周密的部署、详细的阐述和具体的安排。也就是说，营销方案是一系列具体的、明确的、直接的、相互联系的行动计划的指令，一旦付诸实施，企业的每一个部门、每一个员工都能明确自己的目标、任务、责任以及完成任务的途径和方法，并懂得如何与其他部门或员工相互协作。

4. 经济性原则

必须以经济效益为核心。营销策划不仅本身消耗一定的资源，而且会通过营销方案的实施，改变企业经营资源的配置状态和利用效率。营销策划的经济效益，是策划所带来的经济收益与策划和方案实施成本之间的比率。成功的营销策划，应当是在策划和方案实施成本既定的情况下取得最大的经济收益，或花费最小的策划和方案实施成本取得目标经济收益。

5. 全局性

营销策划要具有整体意识，从企业发展出发，明确重点，统筹兼顾，处理好局部利益与整体利益的关系，酌情制订出正确的营销策划方案。

6. 战略性

营销策划是一种战略决策，将对未来一段时间的企业营销起指导作用。

7. 稳定性

营销策划作为一种战略行为，应具有相对的稳定性，一般情况下不能随意变动。如果策划方案缺乏稳定性，朝令夕改，不仅会导致企业营销资源的巨大浪费，而且会严重影响企业的发展。

8. 权宜性

任何一个营销策划都是在一定的市场环境下制订的，因而营销方案与市场环境存在一定的相互对应的关系。当市场环境发生了变化，原来的营销方案的适用条件也许就不复存在了。

9. 可行性

无法在实际中操作执行的营销策划方案没有任何价值。营销策划首先要满足经济性，即执行营销方案得到的收益大于方案本身所要求的成本；其次，营销策划方案必须与企业的实力相适应，即企业能够正确地执行营销方案，使其具有实现的可能性。

第二节 营销策划管理制度

一、营销策划工作管理制度

标准文件		营销策划工作管理制度	文件编号	
版次	A/0		页次	

1. 目的

为规范营销策划工作，保证企业营销策略、市场战略的顺利实施，提高营销策划方案的可行性，特制定本制度。

2. 适用范围

本制度适用于营销策划中心所有工作人员。

3. 管理规定

3.1 确定市场营销目标

3.1.1 市场营销目标。

具体内容如下表所示：

市场营销目标表

目标项目	具体内容说明
1. 目标利润	通过营销策划所要实现的利润额
2. 市场占有率	市场占有率提升百分比
3. 市场增长率	市场增长率提升百分比
4. 销售额或销售量和增长率	销售额增长幅度
5. 销售价格	销售定价
6. 质量水平与投诉	产品质量与投诉率
7. 产品体系构成	哪些产品同时进行营销策划
8. 营销渠道	通过哪些渠道，可以扩大哪些渠道
9. 促销活动	如何展开促销
10. 品牌	知名度、美誉度提高程度
11. 与竞争对手的差距	能在多大程度上缩小和竞争对手的差距

3.1.2 外部环境分析。

确定市场营销目标，首先要对市场外部环境进行分析，分析的具体内容如下表所示：

市场外部环境分析内容

项目	分析内容
1. 行业动向分析	同行业是否也在采取销售策略，有什么发展趋势
2. 目标市场分析	同类产品分析和地域分析
3. 购买行为分析	消费者的购买诱因和消费群体分析
4. 企业形象分析	企业在同业中的地位和产品知名度
5. SWOT 分析	企业产品的优势、劣势、机遇和挑战

3.2 确定目标市场

3.2.1 市场细分。

将产品的购买群体按照不同需要、特征或行为进行细分，并制作产品市场细分表。

3.2.2 目标市场选择。

在划分好细分市场之后，可以进入既定市场中的一个或多个细分市场，对将要进入的目标市场进行分析，并撰写目标市场分析报告。

3.2.3 市场定位。

把企业的产品和同类产品区别开来，并给企业的产品赋予明显区别于竞争对手的"购买符号"，从而清晰地定位企业的产品和目标顾客群体。

3.3 营销管理与控制

3.3.1 营销组合设计。

（1）产品组合：产品定位、产品特色、产品品质、产品品牌与形象、产品包装、产品使用与售后服务。

（2）价格组合：价位、折扣、付款条件。

（3）销售渠道组合：顾客区隔、销售地点、营销渠道与网络、中间商、零售商、仓储与配送、库存量、商圈。

（4）促销组合：与顾客沟通、广告宣传、促销活动、公共关系、受理投诉。

3.3.2 营销环节设计。

（1）具体销售事务设计，包括以下内容：

① 签订销售合同，进行合同管理和合同进度管理。

② 成品库存管理和供货管理。

③ 发货、包装、运输管理。

④ 发票、销售回款、催款管理，拒付业务处理。

⑤ 售后服务管理。

（2）研究市场供求。

① 企业内部各种销售业务数据的收集和信息处理。

② 组织收集企业外部信息和开展（委托）市场调查。

③ 组织开展（委托）市场预测。

3.3.3 市场拓展。

（1）产品顾客管理：对顾客的基本情况、交易状况、信誉状况及顾客意见进行管理。

（2）推销员管理：推销员的计划安排、检查、考核和奖惩。

（3）促进销售管理：有计划地开展广告宣传准备、设计制作产品说明书等。

（4）销售渠道管理：对销售渠道的开发、维护、考核评价和支援。

（5）组织商品的包装、装潢和商标设计。

（6）品牌管理。

3.3.4 营销控制。

对营销计划实施情况进行判断、调整和采取纠正措施，主要控制内容如下：

（1）月度计划控制。

由业务人员按营销方案提出工作报告，一线管理者认真审核并提出处置意见。具体报告内容包括：

① 月度工作计划报告。

② 月度工作计划执行进度报告。

③ 费用报告。

④ 新增顾客报告。

⑤ 失去老顾客报告。

⑥ 区域或营业点的定期情况报告。

⑦ 其他专题报告。

（2）年度计划控制。

主要对销售额、市场占有率与费用率进行控制。

（3）盈利控制。

对各种产品、地区、顾客群、销售渠道、合同额等方面的获利能力进行评价、控制。

（4）营销战略控制。

利用营销审计，定期重新评估企业的战略计划及执行情况，提出改善营销工作的计划和建议。如发现营销问题，应及时解决和纠正；如发现新的营销机会，应立即制订新的方案。

拟定		审核		审批	

二、营销策划部管理制度

标准文件		营销策划部管理制度	文件编号	
版次	A/0		页次	

1. 目的

为规范营销策划人员的工作内容，加强对项目营销策划工作的管理，特制定本制度。

2. 适用范围

适用于对公司营销策划的相关管理。

43

3. 市场信息管理

3.1 市场信息管理的目的是加强对分公司或项目所在城市或区域市场内对房地产行业有影响或相关的各类信息的管理。

3.2 市场信息的内容包括当地房地产政策、法规信息，房地产行业的企业信息，对房地产行业有影响的金融、经济及消费者信息等。

3.3 房地产行业企业信息：

3.3.1 区域市场内房地产企业的基本信息，包括企业名称、资质、企业规模、实力等。

3.3.2 区域市场内房地产项目情况，包括项目名称、位置、规模、建筑风格、绿化率、销售率、销售价格、结构、购买人群、物业配套情况等。

3.3.3 区域市场内当年本区域房地产开发量、竣工量、销售量、房地产存量等信息。

3.3.4 区域市场内的城市规划状况、城市发展方向等。

3.4 区域内房地产政策、法规信息主要是指对房地产行业有影响的地方性政策、条例、规定等。

3.5 本地区对房地产行业有影响的金融、经济及消费者信息：

3.5.1 区域市场内金融系统对房地产信贷的支持程度及信贷政策等。

3.5.2 区域市场内的经济发展水平、经济发展状况、家庭收入及消费水平等。

3.5.3 本地区的住房消费习惯、住房消费水平、家庭住房状况等。

3.6 分公司在区域市场内所开发的项目基本情况、项目特点、销售情况、客户情况等。

3.7 营销策划人员以月或季度为单位，定期对区域市场内的各类信息进行收集。营销策划主管可依据信息收集工作的需要与销售主管沟通或提请营销部经理同意后安排销售业务员参与。

3.8 对搜集的各类信息，营销策划人员应进行分类整理、分析后以电子版形式存档。

3.9 营销策划人员应随时关注区域市场内各类信息的变动情况，并对存档的信息资料进行更新。

3.10 对收集整理好的各类信息资料，营销策划主管应及时以书面形式向营销部经理汇报；同时与销售主管沟通，依据销售工作需要向销售业务员传达各类市场信息。

4. 媒体管理

4.1 媒体管理的目的在于通过加强对区域市场内各类媒体的沟通、协作，建立公司与当地媒体的良好关系，以达到有效地利用媒体为公司和项目服务的目的。

4.2 媒体管理的内容：

4.2.1 对区域市场内各类媒体自身情况建立信息档案。

4.2.2 利用公司或项目工作需要建立良好的媒体关系。

4.2.3 日常工作中加强与媒体的沟通、协作。

4.3 对区域市场内各类媒体信息的要求：

4.3.1 报纸。区域市场内报纸媒体数量、报纸媒体的自身特点、发行量、市场占有率、市场影响力、所针对的消费人群及消费群体特征等。

4.3.2 电视。电视在区域市场的覆盖率、收视人群、特色栏目、不同栏目的收视人群特征、电视台受欢迎栏目情况等，电视台在当地市场的影响力。

4.3.3 广播。节目覆盖率、不同栏目的收听人群及人群特征、在区域市场内较受欢迎的栏目及栏目特色、电台广播在当地市场的影响力。

4.3.4 网络。网络在区域市场内的家庭普及率、网络使用率、网络使用人群特征、家庭网络使用情况、区域市场内较受欢迎的网站。

4.3.5 广告设计、制作、传播等公司。在区域市场内较有实力的广告设计、制作、传播等公司的企业名录、企业概况、企业综合实力、企业特长等。

4.4 对各类媒体信息的处理方法：

4.4.1 对各类媒体的广告报价信息建立详细的数据库，以便于工作时的查询，并及时对各类媒体的广告价格变动情况进行信息更新。

4.4.2 对各类媒体信息分类整理后存档，并经常跟踪媒体信息的变动情况，及时对存档的媒体信息情况进行更新。

4.4.3 经常保持与各类媒体相关负责人员的沟通，建立良好的媒体合作关系。

4.5 对区域市场内新闻媒体采访活动的解决方式：

4.5.1 有利于公司或项目的品牌形象时，营销策划人员应积极给予配合、协助，并事先针对采访内容做好准备工作。

4.5.2 对不利于公司、项目的新闻、报道等，营销策划人员应积极利用当地媒体的关系进行制止或尽量减少对公司、项目的影响，并及时向公司领导汇报相关情况，必要时请公司领导出面协助解决。

4.5.3 详细掌握区域市场内政府相关主管部门对商业广告活动的有关规定、条例及相关手续办理程序，并做好日常与相关主管部门的沟通，同时注意关注政府部门对商业广告管理的变动情况。

5. 推广活动管理

5.1 加强对推广活动的管理目的在于规范公司或项目的推广活动行为，提高推广活动的效果。

5.2 每月月底营销策划工作人员依据营销工作需要编制下月的推广活动工

计划，并按照公司规定的工作程序进行审批、报备。

5.3 促销活动实施前应编制活动的具体实施方案，由营销部经理审核通过后报分公司分管副经理或经理批准后实施。

5.4 推广活动实施过程中，依据实际情况的变化对方案进行调整，推广活动负责人要就变动内容及时与相关领导沟通。

5.5 推广活动结束后相关负责人要及时对推广活动实际实施情况进行总结，并向相关领导汇报推广活动实施情况。

5.6 媒体广告、户外广告实施前应先将广告效果按规定要求进行报批，待批准后按照批准的广告效果进行实施；同时应对广告内容进行备案。

5.7 媒体广告实施后营销策划人员要对媒体广告或户外广告效果进行跟踪、评估。

6. 管理要求

6.1 营销工作人员应保持与销售业务员的沟通，及时掌握销售的各种信息，对销售资料（客户资料、销售数据等）认真分析，以便针对销售情况及时对营销推广工作进行调整。

6.2 营销人员在工作中应将项目营销推广工作的资料以及收集的各种资料，进行分类存档。

6.3 对于市场信息资料、媒体资料，营销工作人员应以月或季度为单位定期进行收集，并及时整理所收集的资料，对存档资料进行更新。

6.4 营销工作人员对收集的各项资料，应依据销售业务员的工作需要与其进行沟通。

7. 营销危机管理

7.1 营销危机

7.1.1 营销危机是指由于内部或外部的客观原因所形成的重大事件，导致公司的产品销售或品牌形象受到重大影响时的情况。

7.1.2 内部原因是指公司的产品设计、市场定位、营销手段、售后服务等出现问题，外部原因则是指公司或项目所处的区域市场发生变化、国家出台新的政策法规、城市规划变动等。

7.2 营销危机的处理原则

7.2.1 端正对营销危机的态度，对危机事件积极、坦诚对待。

7.2.2 对营销危机处理要及时、迅速。

7.2.3 营销危机处理时所有参与工作人员的行为要统一。

7.2.4 营销危机处理过程中工作要统筹安排，保证工作的顺序性。

7.2.5 对营销危机事件工作人员在思想上要高度重视。

7.3 营销危机的处理方式

7.3.1 危机产生时营销工作人员应及时向分公司相关领导汇报相关情况，依据危机事件的严重程度成立解决小组。

7.3.2 认真调查、分析危机事件的产生原因及危机事件真相，制订相应的解决方案，并报分公司相关领导审批。

7.3.3 危机解决小组成员按照批准的方案进行实施，并及时向相关负责人汇报工作进展情况，适时对工作进行调整。

7.3.4 危机事件解决后要对相关资料进行存档保存，以便于日后工作的参考。

7.4 营销危机解决要求

7.4.1 营销危机解决小组成员对个人的工作分工要认真负责，服从对工作的统一安排。

7.4.2 对危机事件解决工作中需保密工作内容，要严格遵守公司的有关保密规定。

7.4.3 严格遵守危机事件解决小组的各项工作规定。

7.5 营销危机以预防为主

营销策划工作人员应在日常工作中认真收集、分析与公司或项目相关的各种资料，对信息中所反映的异常情况及时向公司相关领导提出相关建议，避免营销危机的产生。

7.6 营销危机事件汇报要求

7.6.1 营销危机产生时，营销工作人员应及时以口头和书面形式向公司相关领导汇报，应汇报的公司相关领导包括：分公司经理和副经理、公司营销策划部、公司经营副总等。

7.6.2 应在事件发生的最短时间内（不超过2小时）向公司相关领导口头汇报事件的概况，同时在12小时内以书面形式将事件的处理方案汇报给公司营销策划部、公司经营副总。

8. 奖惩

8.1 违反本制度的处罚方式

8.1.1 警告。

未按照本制度规定要求进行有关营销工作，未对工作造成较大影响者，给予警告处分。

8.1.2 罚款。

（1）当月累计警告处分超过两次，给予罚款_____元/次。

（2）未按照本制度规定进行有关营销工作并给公司工作造成较大影响者，给予罚款_____元。

47

8.2 奖励 营销部经理定期对营销策划工作内容进行检查，对工作表现优秀者，可提请分公司给予精神或物质奖励。					
拟定		审核		审批	

第三节　营销策划管理表格

一、市场分析计划表

市场分析计划表

计划概要			
目前的市场状况	因素	机遇	威胁
	当前顾客		
	潜在顾客		
	竞争		
	技术		
	政治气候		
	法律		
	经济环境		
面临的机会和问题	机会与威胁		
	优势与劣势		
	问题分析		
目标	财务目标		
	营销目标		
市场战略	目标市场		
	产品线		
	定位		

续表

市场战略	价格	
	分销网络	
	推销人员	
	销售促进	
	行动方案	
预计盈亏报表		
控制计划		
应急计划		

二、新产品上市活动计划表

新产品上市活动计划表

活动名称			
实施项目	负责人	费用预算	时间控制
提出新产品价格方案			
制作产品目录			
制作终端促销支持工具			
制作业务训练手册			
业务人员训练			
新产品发布会			
销售竞赛			
DM 制作及派发			
制作服务手册			
新产品广告计划书			
经销商促销活动			
其他			

三、营销策划费用预算表

营销策划费用预算表

月份	人事费	广告费	交通费	通信费	差旅费	招待费	合计	销售预计	比率
1									
2									
3									
4									
5									
6									
…									
合计									

四、营销策划方案审查表

营销策划方案审查表

策划主管：　　　　　　　　　　市场部经理：
财务部经理：　　　　　　　　　总经理：

审查项目	审查结果
是否明确阐述其业务使命	
业务使命是否体现了市场导向的观念	
它是否可行	
公司目标和营销目标是否明确订立	
所有营销目标是否与公司的竞争地位和资源相匹配	
是否制定为达到其营销目标的营销战略	
该战略是否适应产品生命周期的阶段、竞争者的战略和当前的宏观经济情况	
是否对市场进行了有效的细分，并选择了最适合的细分市场	
是否已经确定了每个目标市场的实际轮廓并为其制定了正确的市场定位和营销组合	
营销资源是否被合理有效地分配给各要素，即产品质量、服务、销售人员、广告、促销和分销渠道	
完成这些营销目标的资源是否充足	

五、营销策划方案执行表

营销策划方案执行表

	策划内容	工作形式	执行部门	执行要点	执行时间	备注
1	销售执行(包括销售定价、产品上市、折扣执行管理、价格调整方案)	销售部编制具体执行方案	销售部	价格调整方案是核心		
2	销售管理(包括现场、接待、洽谈、销售、统一口径管理)	销售部编制具体执行方案和文本	销售部	现场管理是核心		
3	促销执行(包括促销方案编制、阶段促销计划、现场操作配合、销售培训)	销售部配合促销部编制方案和应用文本	促销部	促销方案编制是核心		
4	市场管理(包括市场信息管理、售前售后服务方案管理)	营销部根据要点方案编制应用文本	营销部	售前售后服务方案是核心		
5	部门管理(包括岗位管理、执行流程管理、职责分类管理)	营销部具体分配营销策划方案执行的任务	营销部	执行流程管理是核心		
6	形象管理(包括企业形象管理、现场形象管理)	营销部出具要点方案,CI部根据要点方案编制应用文本	CI部	销售形象要求是管理核心		
7	计划管理(包括执行计划管理、准备计划管理)	营销部出具管理标准,销售部进行监督执行	销售部	执行计划管理是核心		

第四章 渠道管理

第一节 渠道管理要领

一、渠道管理的具体内容

渠道管理工作包括：

（1）对经销商的供货管理，保证供货及时，在此基础上帮助经销商建立并理顺销售子网，分散销售及库存压力，加快商品的流通速度。

（2）加强对经销商广告、促销的支持，减少商品流通阻力；提高商品的销售力，促进销售；提高资金利用率，使之成为经销商的重要利润源。

（3）对经销商负责，在保证供应的基础上，对经销商提供产品服务支持。妥善处理销售过程中出现的产品损坏变质、顾客投诉、顾客退货等问题，切实保障经销商的利益不受无谓的损害。

（4）加强对经销商的订货处理管理，减少因订货处理环节中出现的失误而引起发货不畅。

（5）加强对经销商订货的结算管理，规避结算风险，保障制造商的利益，同时避免经销商利用结算便利制造市场混乱。

（6）其他管理工作，包括对经销商进行培训，增强经销商对公司理念、价值观的认同以及对产品知识的认识，还要负责协调制造商与经销商之间、经销商与经销商之间的关系，尤其对于一些突发事件，如价格涨落、产品竞争、产品滞销以及周边市场冲击或低价倾销等扰乱市场的问题，要以协作、协商的方式为主，以理服人，及时帮助经销商消除顾虑，平衡心态，引导和支持经销商向有利于产品营销的方向转变。

二、渠道管理的方法

生产厂家可以对其分销渠道实行两种不同程度的控制，即绝对控制和低度控制。

1. 绝对控制

生产企业能够选择负责其产品销售的营销中介类型、数目和地理分布，并且能够支配这些营销中介的销售政策和价格政策，这样的控制称为绝对控制。根据生产企业的实力和产品性质，绝对控制在某些情况下是可以实现的。一些生产特种产品的大型生产企业，往往能够做到对营销网络的绝对控制。日本丰田汽车公司专门把东京市场划分为若干区域，每一区域都有一名业务经理专门负责，业务经理对于本区域内的分销商非常熟悉，对每一中间商的资料都详细掌握。通过与中间商的紧密联系关注市场变化，及时反馈用户意见，保证中间商不断努力。绝对控制对某些类型的生产企业有着很大的益处，对特种商品来说，利用绝对控制维持高价格可以维护产品的优良品质形象，因为如果产品价格过低，会使消费者怀疑产品品质低劣或即将淘汰。另外，即使对一般产品，绝对控制也可以防止价格竞争，保证良好的经济效益。

2. 低度控制

如果生产企业无力或不需要对整个渠道进行绝对控制，往往可以通过对中间商提供具体的支持协助来影响营销中介，这种控制的程度是较低的，大多数企业的控制属于这种方式。

低度控制又可称为影响控制。这种控制包括如下一些内容：

（1）向中间商派驻代表

大型企业一般都派驻代表到经营其产品的营销中介中去亲自监督商品销售。生产企业人员也会给渠道成员提供一些具体帮助，如帮助中间商训练销售人员、组织销售活动和设计广告等，通过这些活动来掌握他们的销售动态。生产企业也可以直接派人支援中间商，比如目前流行的厂家专柜销售、店中店等，多数是由企业派人开设的。

（2）与中间商多方式合作

企业可以利用多种方法激励营销中介成员宣传商品，如与中介成员联合进行广告宣传，并由生产企业负担部分费用；支持中介成员开展营业推广、公关活动；对业绩突出的中介成员给予价格、交易条件上的优惠；对中间商传授推销、存货销售管理知识，提高其经营水平。通过这些办法，调动营销中介成员推销产品的积极性，达到控制网络的目的。

制造商必须在整个市场上塑造自己产品的形象，提高品牌的知名度，也就是必须对分销商提供强大的服务、广告支持。另外，分销商在自己区域内执行制造商的服务、广告策略时，制造商还应给予支持。为分销商提供各种补贴措施，比如焦点广告补贴、存货补贴，以换取他们的支持与合作，达成利益的统一体。这一点很重要，制造商必须制定详细的措施，因地制宜地实施各种策略，争取分销商的广泛参与、积极协作。这既提高了自身品牌的知名度，又能够帮助分销商赚取利润，激发他们的热情，引导他们正当竞争，从而减少各种冲突，实现制造商与分销商的双赢。

第二节　渠道管理制度

一、经销商管理制度

标准文件		经销商管理制度	文件编号	
版次	A/0		页次	

1. 目的

经销商作为公司销售渠道的重要组成，对公司的销售意义重大，为规范有效地进行经销商的开拓、管理，特制定本制度作为指导，以最终提高公司对经销商的有效管理，实现与经销商的双赢。

2. 适用范围

本制度适用于所有经销商。

3. 经销商的类别、选择标准及主要职责

3.1　经销商的类别

3.1.1　一级经销商。

在某一地区，经过公司的考察和双方洽谈，确定该经销商为公司某一产品或者全部产品在这一区域的一级经销商，该经销商直接与公司交易，包括取货、结算、政策支持等。但是该区域并不一定为该经销商独家占有，其市场覆盖、权利义务范围等将根据实际情况由合作协议具体确定。

3.1.2　二级经销商。

在一级经销商销售范围内，由一级经销商发展起来，公司进行简单评估，但是公司不与二级经销商产生直接交易行为，公司业务员会积极地协助一级经销商开发、管理二级经销商，最终提高公司的市场开拓能力和竞争力。

3.1.3　项目型经销商。

在某一地区内的某一特定行业，经过公司的考察和双方洽谈，确定该经销商为公司某一产品在这一区域的行业的项目型经销商，该区域或行业并不一定为该经销商独家占有，保障范围为向公司报备审核通过的客户，该经销商直接与公司交易，包括取货、结算、政策支持、市场覆盖、权利义务范围等将根据实际情况由合作协议具体确定。

3.1.4　区域总代。

公司会根据区域市场特点、经销商的区域影响力等具体因素，灵活采取这种形式。

3.1.5 其他无协议经营单位和客户。

（1）在未设立公司代理商的地区，与公司有经销关系但未签订销售协议的单位。

（2）原与公司有销售协议，由于未达到协议要求，公司未续签协议，但继续保持销售关系的经营单位。

（3）其他与公司未签订长期经销协议而发生业务往来的客户。

一级经销商是公司主要的经销商经营模式，在这些区域公司与经销商共同开发当地市场。公司侧重区域内较大的客户的共同开发，经销商可以将精力放在利润率高的中小型企业的开发与维护上。

经销商与公司通过合同形式确定各自的权利和义务，成为签约经销商，签约经销商有设定的销售目标，每年续签一次。

3.2 经销商的功能要求

渠道是由一些独立经营而又互相依赖的组织组成的增值链。在通常情况下，渠道应具有以下功能。

3.2.1 代理功能。公司可借助渠道提升销量，提升市场覆盖率，对空白及非成熟行业或区域市场的开发。

3.2.2 风险承担功能。渠道可与公司共同承担部分营销风险，包括资金风险。

3.2.3 公关功能。渠道分担了公司和客户、政府等相关者的部分公关工作，大大减少了企业的资源投入。

3.2.4 服务功能。渠道可以协助公司对区域及行业客户进行基础的业务跟进、客情维护服务。

3.2.5 市场信息收集与反馈功能。渠道可协助公司进行市场信息收集并及时反馈给公司，为公司的经营决策提供参考。

3.3 经销商的来源

公司的经销商主要来源于以下几个方面。

3.3.1 行业内现有产品经销商。

3.3.2 行业内有一定知名度与影响力的行业协会的主管及办事人员。

3.3.3 各类型产品代理企业高管及具体办事人员。

3.3.4 大型企业高管、技术、设备主管及具体办事人员。

3.3.5 大型企业的固定行业供应商。

3.3.6 类似辅料产品的生产企业的网络渠道成员。

3.4 经销商的选择标准

3.4.1 有合法经营执照，能独立承担民事责任。
3.4.2 有较强的资金实力，能维持业务正常、健康运作。
3.4.3 有独立开发终端用户的团队。
3.4.4 有固定的办公场所。
3.4.5 具备 3 年以上行业经验和区域内丰富的客户资源。
3.4.6 较强的社会公关能力。
3.4.7 认同公司产品和品牌。
3.4.8 良好的信誉度和行业口碑。
3.4.9 除了上述条件，最后还需要通过由渠道管理部组织的独家授权评估小组的资格审查。

3.5 新进经销商的评级管理

评价指标	具体内容	权重	评分	评分标准
综合实力	产品年销量	10		年销量在 300 万元以上，评 10 分；年销量 200 万元以上，评 8 分；年销量 100 万元以上，评 6 分；年销量不足 100 万元，评 3 分
	资金能力	5		分高、中、低三个级别，分别评 5 分、3 分、1 分
	市场和技术人员	5		人员 5 人以上，评 5 分；4 人以上，评 4 分；3 人以上，评 3 分；2 人以上，评 2 分；不足 2 人，评 1 分
	仓储能力	5		分为强、一般、弱三个级别，分别评 5 分、3 分、1 分
合作意愿	与公司合作意愿	10		合作意愿强烈，评 10 分；合作意愿一般，评 6 分；经三次沟通后无合作意愿，为否决项
	市场信心	5		分为强、弱两个级别，分别评 5 分、3 分
资信与口碑	同业评价	10		同业评价高，评 10 分；评价一般，评 6 分；资信与口碑很低，为否决项
	市场规范	5		无冲价、窜货行为，评 5 分；冲价或窜货一次，评 0 分
营销理念	市场意识	5		分高、中、低三个级别，分别评 5 分、3 分、1 分
	公司经营理念认可度	10		分完全认可、部分认可、不认可三个级别，分别评 10 分、6 分、0 分
市场能力	可控网络规模	10		终端 40 个以上为 10 分；25～40 个为 8 分；10～25 个为 6 分；10 个以下为 3 分
	现有产品/品牌经营	5		分为好、一般、差三个级别，分别评 5 分、3 分、0 分
管理能力	个人能力	5		分为强、一般、弱三个级别，分别评 5 分、4 分、3 分
	店面管理	10		分为好、一般、差三个级别，分别评 10 分、6 分、4 分
考评合计		100		

说明：实际评级工作中，评分标准可根据评分结果和客户忠诚度做适当调整。

3.6 经销商的权利与义务

3.6.1 权利：

（1）获得市场及销售的奖励权利；

（2）有权提出技术培训和指导支持；

（3）有权提出协助销售支持；

（4）客户信息报备权。

3.6.2 义务：

（1）品牌推广和维护的义务；

（2）完成项目销售任务的义务；

（3）按时回款义务；

（4）终端用户常规售后服务处理。

3.7 公司的权利和义务

3.7.1 权利：

（1）销售任务完成考核权；

（2）市场秩序维护处罚权；

（3）对经销商评估淘汰权；

（4）销售政策的调整权

（5）产品价格统一调整权。

3.7.2 义务：

（1）及时供货；

（2）产品质量保证，售后服务及时；

（3）及时协同销售支持；

（4）公司动态资讯传达。

4. 经销商的支持

为了更好地与经销商形成战略合作，使市场运作更加紧密化、成员化，公司将增加在区域市场的技术服务资源的投入，提升经销商售前技术服务能力以及在本公司营销中心的协助下开展项目营销。

4.1 技术（业务）人员共担

当地经销商招聘专门的技术支持（售前工程师）人员，对公司产品提供技术支持服务。公司统一对特聘技术人员颁发资格证书，统一监督管理。公司根据产品型号给予一定的服务支持费用。具体内容如下：

4.1.1 实施服务本地化后，具体的技术指导和支持服务问题全部由当地代理商承担，公司按标准给予一定的服务补贴。公司主要负责定期对当地特约技术支持服务人员的技能培训和进行新产品的技术培训。按公司战略进行技术巡回培训，主办产品展示和技术交流会，以及一些重大质量问题的处理。

4.1.2 费用补贴：根据各终端的销量和销售产品型号情况，公司给予技术服务人员每月一定的补贴费用。

4.1.3 各地区技术服务人员人数由当地一级经销商来定，服务人员的工资由代理商自主承担，服务补贴费用以考核工资的形式根据当地各型号的销量补贴给特约服务技术员，技术服务人员必须详细填写客户回访表，并在每月月底汇总统一交回公司客服中心，考核工资按季度由公司根据考核结果统一发放。

4.1.4 各技术服务人员必须提供详细的个人简历，以便公司统一管理。公司将对特约技术服务人员进行礼仪、服务规范、技术技能等方面的培训，按公司技术服务人员的要求经过考试后进行等级评定，对于符合公司要求的服务人员颁发公司特约技术工程师资格证书。资格证书每年评定一次。

4.1.5 各技术服务人员经公司统一培训后，按公司服务手册要求上岗服务。必须穿工作服，佩戴公司工作牌，工具由公司统一提供，并将照片、电话公开张贴，接受监督。

4.1.6 公司免费给经销商培训基础学员。由各经销商定期提供人员至本公司上班进行全面系统、有规划的基础培训，或公司定期组织人员到各地区进行培训，培训完成后再返还给各经销商做技术深化提升，合格后代表公司在当地做技术服务。

4.1.7 奖罚。

（1）技术服务人员必须严格遵守公司技术支持服务规定，如有违反将按公司制度处罚。

（2）为了提升广大技术人员的技术素质和服务质量，公司将按等级评定情况和全年度考核情况对所有技术服务人员进行年终评选，对前三名的人员公司将给予奖励，第一名为国外旅游名额一个，第二、三名为国内旅游名额一个。

（3）对于年终评定结果的最后两名，公司将实施末位淘汰制，取消公司特约技术员资格。

4.2 协同销售支持

4.2.1 公司根据经销商的需要，主要从样板工程和大客户共同开发上协商派出销售人员、技术人员、项目小组等，协同经销商销售公司的产品。

4.2.2 样板客户和区域内行业大客户范围界定和信息来源：

（1）由公司分管总监进行决策后提供给经销商。

（2）经销商事前报备的大型或项目型企业。

4.2.3 经销商可在签订区域内协议时提出客户资源报备，自报备批准日起客户保护有效期为 90 天。

（1）如果需要追加时间，则需要重新审核，延长期为60天，最长期限累计不能超过150天。

（2）若有效期限内经销商不能取得该客户订单，则公司有权将该客户转至其他经销商开发。

4.3 推广支持

公司将根据经销商对公司品牌推广的贡献给予经销商一定的支持和帮助。

4.3.1 发放统一的宣传资料。

给相关用户发放公司统一的产品手册、新品资料、企业文化等资料，并保持随时更新。

4.3.2 开展技术交流。

（1）在现有经销商中筛选出重点扶持的战略经销商，协助在其所属区域内开展厂商联合的技术交流推广会或推广活动，扩大经销商的销售，扩大品牌的区域影响力。

（2）建立并规范技术交流会议推广流程，使其成为公司推广的重要手段：宣讲公司理念、产品介绍、技术服务、展示企业形象；识别用户基本需求，聚合人脉关系，为销售做推动。

4.3.3 协助企业参观。

针对经销商提出的客户参观企业需求，按照公司的客户接待制度，遵照企业参观流程，安排专人引导参观，精心策划讲解内容和讲解方式，为经销商销售提供到位的支持。

4.3.4 协助样板客户参观。

针对经销商提出的样板客户参观需求，按照制度协助经销商带领客户参加样板客户现场，现身说法，加快销售进程。

4.3.5 协助展会、产品推广会。

（1）根据经销商的要求，营销总监与渠道管理部在进行综合评估区域发展状况后，确认是否有做市场推广活动的必要，并且预估市场活动效果，根据评估结果有针对性地给予经销商市场以支持。

（2）公司各部门应积极配合经销商做好产品推广会和各地区大型展会，根据重要程度给予相应的道具、样品、材料等以及技术人员和销售人员支持。

4.4 培训支持

4.4.1 为了规范经销商的销售和服务，统一公司形象，同时提升经销商的销售力，公司将采取定期和不定期的方式对经销商进行培训。

4.4.2 培训由渠道管理部统一组织，全国各经销商到总部厂家培训，公司负责食宿，经销商自行承担交通费用；经销商有需要也可申请给予培训，相关人员的差旅费由申请经销商承担。

4.4.3 不同培训对象的讲师与培训内容。

（1）经营管理培训：主要面向经销商管理层，由公司高层或公司聘请的专职讲师为经销商提供，涉及公司发展规划、行业发展前景、运营管理等层面，并宣讲有关公司经营发展方向的内容。

（2）企业文化培训：面向经销商的全体人员，由公司的文化专员负责，讲授公司的优秀文化，强化经销商管理及与公司的文化认同。

（3）销售培训：主要面向经销商的业务人员，根据内容由公司营销高层或业务员提供，包括顾问式销售方式、沟通技能、基本营销知识以及配合公司转型的销售项目管理。

（4）技术培训：主要面向经销商的技术人员，由公司研发中心负责，讲授行业最新的技术、新产品的技术原理及特点以及方案设计技巧等，提高经销商的技术服务能力。

（5）产品培训：主要面向经销商的技术人员及业务员，根据培训内容由技术人员或业务员提供，使经销商认识公司产品的优点及特点，更好地推广公司的产品，让经销商成为公司产品基本知识的"专家"，了解公司各系列产品的特性。让经销商明确产品的市场操作标准，掌握技巧，明确通过规范市场操作对产品销售所带来的好处。系统地、及时地向经销商介绍公司的新产品，给经销商以良好的产品更新上的预期，以期形成新的销售增长点。公司将根据发展需要实时调整培训类型及培训内容，完善培训体系，使培训成为公司与经销商沟通与共同发展的桥梁。

4.4.4 培训方式。

按照培训地点分为"本部""当地"两种方式，本部指本公司，当地指经销商所在区域或经销商公司，分为视频、现场等授课方式。按照培训的程序性分为计划内培训和计划外培训，计划内培训是公司按照经销商政策每年必须保证的培训，计划外培训则是对计划内培训的补充，包括业务员拜访时的非程序性培训或经销商根据自身需要提出的培训要求等。

（1）本部培训：是指在本公司进行的培训，公司根据计划每年定期邀请部分经销商进行培训。经销商也可以根据需要提出申请到公司本部进行培训，但是需要承担一定的费用。

（2）当地培训：主要是指在区域市场某地集中培训或到经销商处进行培训，一种是公司根据规定或常规性拜访提供的培训支持，一种是根据经销商提出的培训申请所给予的培训支持。

4.4.5 培训规定。

公司将根据基本的经销商培养目标及经销商级别分配培训资源，并为接受培训而且考核及格的经销商或经销商的业务员提供证书。

4.5 服务政策

公司将服务理念融入公司经营当中，坚持"真心服务，感动客户"的信念，建立"三三制"的服务体系，通过公司、区域办事处、经销商三方共同努力满足用户需求，积极支持和培养经销商，提高经销商服务能力。

4.5.1 服务体系——"三三制"服务体系。

项目	公司	区域办事处	经销商
售前服务	业务咨询、需求调查、产品介绍、技术咨询、技术服务、系统分析、产品建议、系统方案设计		
售中服务	现场协商、产品配方及产品介绍、产品试样、使用培训、质量跟踪、系统验收、特殊修改		
售后服务	服务咨询、系统质量跟踪、产品定期维护、用户信息反馈、疑难技术咨询与解答、产品维修		

4.5.2 服务支持。

服务支持分为售前、售中和售后，公司将逐渐强化售前服务能力，加强售中支持，完善售后服务，提高服务能力和客户满意度。

（1）公司设立技术支持咨询电话和公司网站专栏解答疑难问题，并通过网站、E-mail或邮寄等方式向经销商提供最新技术资料、升级程序、故障解决方案等。

（2）公司将逐渐实施本地化服务，强化办事处和经销商的服务能力，提高服务的市场响应速度，公司将主要担负起技术人员培训及关键问题处理的职责。

（3）根据经销商申请，公司将向经销商提供现场技术支持及培训，产生费用由经销商承担。

（4）公司将根据经销商销售及服务承担状况提供一定的返利补贴。

（5）针对用户特殊需求，经销商可以向公司提出特殊修改申请，但是必须经过本公司评估、审核才能执行，产生的相关费用由双方协商解决。

（6）公司将规范服务人员行为，包括礼仪、着装、技能等，经销商技术服务人员将接受公司培训并根据考核结果提供结业证书。

（7）公司技术服务人员要填写客户回访表，并纳入绩效考核范围，对于经销商的服务行为公司将进行电话抽查，并针对优秀服务人员采取一定的激励措施。

4.6 信息管理

公司将贯彻市场营销观念，加强营销信息系统建设，完善市场信息的收集、整理、分析过程，这些信息包括区域市场的经济环境、社会环境、产业结构、用户的购买需求和偏好度、经销商信息、竞争对手策略等，尤其是大项目业务更需要信息支持。通过建立营销信息系统，及时了解市场动态，并与经销商共同制定和调整营销策略。经销商是销售价值链的末端，处于市场第一线，承担将产品价值转化为用户价值的重要使命，同时也便于搜集信息。公司遵守"信息共享，收益共享"原则，倡导经销商与公司共享市场信息，并构建呼叫、网络和人员拜访为主的多种沟通渠道。

4.6.1 呼叫中心。

24 小时倾听经销商和用户的意见和建议。作为公司信息平台，将直接转发经销商信息到公司内部各责任部门，并跟进相关部门在最短的时间内进行信息反馈。

（1）客服人员接受经销商呼叫信息后会进行信息分类并填写"客户信息处理表"。

（2）客服人员会立即将"客户信息处理表"传递给相关责任部门，相关责任部门，会在最短的时间内按照"客户信息处理表"与经销商联络，进行信息核实。

（3）对需要安排处理的信息，相关部门将在与经销商协商时间内处理，处理完毕后，由经销商／用户核实"客户信息处理表"信息处理结果。

（4）经销商／用户核实信息处理结果的"客户信息处理表"将由本公司相关部门处理人员交给呼叫中心，呼叫中心将及时对经销商进行电话回访。

4.6.2 网络。

公司将加强公司网络建设，将网络建设成为本公司与经销商信息共享和交流沟通的平台，更新完善产品信息、培训视频、样板案例、方案设计等资料，并利用即时通信工具、电子邮件、网络社区等平台进行交流。

4.6.3 人员拜访。

公司将通过对经销商的定期或不定期拜访，与经销商共同分析区域内用户信息和竞争格局，拟订市场开拓计划，并在需要的情况下与经销商一同深入市场，走访用户及跟进业务。

（1）根据公司经销商分级管理规定及年度拜访计划，业务员要对经销商进行定期拜访。经销商提供用户需求信息，并与业务员共同磋商业务跟进方案，在公司的政策框架内寻求公司最大的资源支持。

（2）经销商应尽量收集竞争对手在当地市场的举措，包括竞争市场活动、促销活动等信息，以及同类新产品的信息、所经营产品的市场反馈信息等。

（3）每月经销商应如实申报当月的销量和库存型号，并与销售人员沟通，共同拟订下月销售计划和销量预测。

5. 经销商相关管理制度

5.1 价格政策管理

公司价格体系包括出厂价与折扣价。公司对价格实行监控和管理，这是公司营销工作由粗放式向精细化转变的一个重要环节。公司会根据区域特点、经销商对公司业务经营投入及销售贡献等因素，通过返利、奖励等方式调整经销商收益，在保证市场价格稳定和具有竞争性的基础上，保障经销商利益。

5.1.1 出厂价。

公司根据产品的市场需求、成本费用和竞争情况等因素而制定的一个标准价格。

5.1.2 折扣价。

公司产品有标准的出厂价，但会给予经销商一定的折扣权利，不同经销商的折扣点不同。

5.2 返利政策管理

5.2.1 公司将根据经销商的实力和其授权区域的市场容量及竞争格局，以"双方沟通，目标导向，互利互惠"为原则，制定更加灵活的个性化年度返利政策。

5.2.2 每年年底，公司将安排专门的销售人员与经销商进行一对一的沟通，共同拟订下一年的区域销售计划和销量预测。

5.2.3 根据销售计划和销量预测，双方共同确定下一年的销售目标。

5.2.4 根据经销商承诺达成的不同销售目标，给经销商设立不同的返利，未达成一定的销售目标，则无返利。

5.3 经销商纪律

5.3.1 财务规定。

（1）经销商在合作的前一年内，一律现款现货交易。

（2）公司给予一定信用等级的经销商需按与公司约定的对账时间按时对账，如出现未及时对账的行为，公司有权停止发货。

（3）经销商保质保量地完成公司下达的年度销售任务。

5.3.2 忠诚度规定

（1）经销商不得销售其他品牌的同类产品，一经发现，公司有权取消该经销商的经营权（这里主要针对独家授权经销商）。

（2）对于蓄意诋毁公司品牌的经销商，造成市场不良影响者，公司有权取消该经销商的经营权。

（3）与公司产品相关的各项活动，经销商需要及时申请公司的人员参与，否则活动引发的不良后果由经销商自己承担。

5.3.3 市场秩序。

（1）项目报备。

随着公司经销网络的不断扩大，公司品牌的不断提升，经销商的商业活动范围逐步扩大，同时由于企业异地投资的增多，经销商的异地用户信息和关系资源也日趋多样化。本着网络协作多做生意的目的，公司特别制定项目报备制度以有效规避现在已少量出现及将来会大量出现的网络之内的不良竞争。

① 有项目信息资源的经销商必须向公司大客户部和渠道管理部同时报备项目以便公司备案协作。

② 项目报备原则上以当地经销商的属地经销为主，异地经销商如有客户关系必须提前于当地经销商三天的时间报备并经公司与当地经销商确认后方可作报备通过认可。

③ 本地或异地经销商报备相关信息给公司后，营销中心会根据报备信息中的用户名称、地址、联系人、采购预算、意向采购型号、采购时间等重点信息识别以前是否已有类似报备并且反馈报备审核通过与否。

④ 报备申请审核期为30天，申报审核期内报备单位须每周一次将项目的进度情况提供给公司。

⑤ 按谁报备谁报价原则，如一方先在系统中报备，并经过系统审核确认通过后，其他经销商不允许再报价；若有低价竞争并经销的则须将本订单利润及差价返还报备方，若报低价但未经销的，则将差价损失赔偿给报备方；如当地经销商协助报备方成功经销公司产品的，则销售利润由公司协调分配，原则上以报备方为主。

⑥ 属于当地老客户的，异地报备不通过，已报备的要予以撤销。

⑦ 所有异地销售均要报备。

⑧ 双方协商不成，则由公司工厂去做，利润由公司分配。

⑨ 低价销售原则上以窜货处理，当地经销商同意的除外。

⑩ 产品经销后的服务原则上采取属地原则，由所在地的经销商来提供售后服务，报备方需支付服务费用给当地，且后续订单也以当地经销商经销为主。

⑪ 本公司所获得的任何企业订单信息，优先按照属地原则提供给当地经销商，若异地经销商报备成功的，则提供给报备方。

⑫ 经销商报备成功后90天内如没有明显业务进展，公司将取消该项目的报备资格，并由公司审核处理，特殊情况须经营销中心和总经理审批。

（2）对于没有及时报备客户项目信息的经销商，公司有权把该客户的开发权交给第一个报备的经销商。

（3）对于争抢客户经销商，造成不良后果者，公司有权降低年终返利给予处罚。

（4）对于销售假冒公司产品行为的经销商，公司坚决取消其经营权，造成不良后果的，依法追究其相关的法律责任。

5.3.4 行为规范。

（1）严格执行公司各项制度和下达的任务。

（2）准时参加公司培训及重大会议。

5.4 经销商评估与考核管理

5.4.1 经销商业绩评估。

对经销商的评估首先以业绩评估为主，各区域销售人员按公司制定的经销商业绩评估相关规定来具体操作。

5.4.2 经销商综合评估。

区域经销商考核指标和考核说明

指标要素	具体内容	考核权数	考核说明
营销能力	年销量	30	销量前 5 名为 30 分；前 6～10 名为 25 分；11～15 名为 20 分，15 名以下为 15 分
	营销服务水平	5	分高、中、低三个等级，分别为 5 分、4 分、3 分
	区域品牌影响力	10	一类品牌 10 分；二类品牌 8 分；三类品牌 6 分
客户忠诚度	专销比重	10	产品专销比重为 50%，得满分；每降低 5%，扣减 1 分
	产品提货均衡性	15	得分为均衡指数 ×15 分
工作配合度	推广与服务配合度	5	公司推广或服务活动不予配合，每次扣 2 分。超出部分从总分中扣除
	跨区销售	10	跨区销售一次，扣 2 分。超出部分从总分中扣除
资信度	资金能力	10	分为高、较高、一般、低四个类型，分别为 10 分、8 分、6 分、4 分
	信誉度	5	分高、中、低三个等级，分别为 5 分、3 分、1 分
考评合计		100	

5.4.3 经销商考核指标说明。

（1）营销能力指标。

① 年销量：以实际发货量计算各类经销商年度销售本公司产品的总量。

② 营销服务水平：指经销商对终端服务质量、对下游客户的分级管理能力、产品配送服务质量、推广与服务水平、客户管理与销售业务指导及培训水平等。

③下游可控网络数量：指经销商在该区域市场可控的、实现其产品分销的终端企业数量。基层网点越多、市场覆盖面越广，其营销网络越健全。

④区域品牌影响力：指每年度经销商经销的公司产品品牌与其他同类品牌相比，在经销商所辖区域的市场影响力排名，分一类品牌、二类品牌和三类品牌。

（2）客户忠诚度指标。

①产品专销比重：指该客户在该区域当年销售公司品牌的数量占经销商各种品牌销售总量的百分比。经销商年度各种品牌销售总量数据来源于公司销售业务人员对经销商及其下游终端网络的调查。

②产品提货均衡性：指经销商每年度各月份是否按照计划从公司均衡提货。用于衡量经销商在销售周期中是否满足公司流动资金周转需要、实现公司每月销售目标的达成、及时满足市场需求。

（3）工作配合度指标。

①价格执行力：指区域经销商是否按照公司价格管理规定执行市场销售价格，是否经过公司批准随意低价倾销进行恶性竞争，以打击对手、扰乱市场。

②推广与服务配合度：指经销商是否组织其员工和网络成员参与公司相关部门进行的市场推广或终端技术交流服务工作，以及为推广和服务活动与地方相关部门进行协调、提供必要的场地和工具。

③跨区销售：即跨区域窜货。指各类经销商不遵守合作协议，在未经公司许可的情况下，将公司产品发运或销售到指定区域以外的市场。属于市场各类客户投诉并经公司市场部门或销售部门调查属实的，或公司市场人员直接发现的跨区销售行为，不论数量多少，都界定为跨区销售。

（4）资信度指标。

①资金能力：指客户自有固定资产、流动资金的多少和融资能力，可以从客户的付款速度、一次性支付货款的大小等方面进行评价。

②信誉度：指经销商是否按照协议约定或口头约定及时进行货款结算；是否及时或如实提供库存数据和按照公司合理要求提供销售信息、市场信息；是否按照承诺及时为公司市场营销工作提供相关协助；是否如期履行合同约定的条款。

5.4.4 经销商考核评级与相应政策。

根据"分类考核、统一分级管理"的原则，公司对不同类型经销商根据对应指标进行年度考核后，不分客户类型，以考核评分结果为统一标准，进行分级管理，制定不同级别经销商对应政策。

经销商分级管理政策标准

经销商评级	年度考核得分	经销商政策
核心经销商 （VIP 客户）	90 分以上	1. 公司产品资源优先保障 2. 年终超出目标销量部分按照____%实施奖励 3. 专销公司产品，年终一次奖励____元 4. 遵守公司价格政策和区域管理规定，年终一次性奖励____元 5. 全面配合公司推广与服务活动，年终一次性奖励____元 6. 其他相应资源与政策支持（见经销商激励政策，下同）
重点经销商 （优秀客户）	75～89 分	1. 公司产品资源优先保障 2. 年终超出目标销量部分按照____%实施奖励 3. 专销公司产品，年终奖励____% 4. 遵守公司价格政策和区域管理规定，年终一次性奖励____元 5. 全面配合公司推广与服务活动，年终一次性奖励____元 6. 其他相应资源与政策支持
普通经销商 （良好客户）	60～74 分	1. 年终超出目标销量部分按照____%实施奖励 2. 其他相应资源与政策支持
问题经销商 （整改或淘汰客户）	59 分以下	按照商定的供应价格或佣金标准获取经营利润，不享有公司相关激励政策；公司营销人员帮助经销商提高经营能力与经营水平

5.4.5 经销商业绩考核管理办法。

（1）每年 12 月份，由营销中心组织安排经销商评估小组，按考核标准对各经销商进行打分评估考核（经销商评估小组成员：总经理、副总经理、营销总监、市场部等）。

（2）考核结果通过销售部门汇总到营销中心合同管理员处，由销售部实地进行经销商访谈，确定考核结果。

（3）经销商对考核结果存在异议时可直接向营销中心合同管理员提出申诉，销售部经理经过核实后两天内给予经销商申诉结果。

（4）经销商考核后，各销售部门必须严格按考核结果对应的级别调整对经销商的政策和支持。没有执行考核结果，将追究销售经理的责任，对公司资源的浪费和经销商的损失负全部责任。

（5）考核后被降级的经销商，销售经理通过良好的沟通，鼓励其继续改进，保留其未来考核评级资格。

（6）每年度对经销商予以考核，连续两个年度考核都是问题经销商的予以淘汰。

6. 大客户联合销售

为配合经销商随公司共同完成市场的战略转型，公司将开展大客户联合销售，充分调动公司的营销资源，帮助经销商在其授权的经销区域内建立样板工程，构建大客户的销售平台，从而突破经销商做强做大、持续发展的瓶颈。

6.1 大客户联合销售的原则

6.1.1 区域授权经销商享有优先选择权。公司鼓励并支持经销商努力开拓其授权区域的大客户业务，挖掘大客户需求信息，跟进业务，如确实面临资金压力或业务操作难度，可向公司提出申请，由公司派人协同跟进，经销商应积极配合跟进业务，并根据自身意愿，优先选择其在该笔业务中所承担的责任，包括商务费用、资金、回款和售后服务等。

6.1.2 区域授权经销商享有相应的利益分配权。根据区域授权经销商在当地大客户业务中所选择承担的责任，在业务成功操作后，享有相对应的利益分配。

6.2 大客户联合销售模式

6.2.1 辅助销售模式（A 模式）：由当地授权经销商挖掘大客户信息，应经销商要求，由公司派遣商务代表参与商务谈判，协助经销商完成订单，经销商是合同主体，承担全部的合同义务，包括承担商务费用、组织发货、回款和售后服务等。

6.2.2 联合销售模式（B 模式）：由当地授权经销商挖掘大客户信息，应经销商要求，以公司的名义由公司进行商务谈判，公司是合同主体，由经销商和公司共同承担合同义务，包括承担商务费用、组织发货、回款和售后服务等，由经销商优先选择在该模式中所承担的合同义务。

6.2.3 全程销售模式（C 模式）：由当地授权经销商挖掘大客户信息，应经销商要求，以公司的名义全程进行商务谈判，公司是合同主体，由公司全部承担合同义务，包括承担商务费用、组织发货、回款和售后服务等。

6.3 大客户联合销售利润分配方式

6.3.1 如经销商自愿采用辅助销售模式（A 模式），则经销商享有该笔业务的全部销售利润。

6.3.2 如经销商自愿采用联合销售模式（B 模式），根据经销商所承担的义务，一单一案，由公司与经销商共同协商，透明操作，遵循风险与回报相匹配原则，确定双方在该笔业务中的利益分配比例，在该待回款完毕后，由公司及时向经销商支付相应比例的销售利润。

6.3.3 如经销商自愿采用全程销售模式（C 模式），全程由公司操作，待此订单回款完毕后，公司将该单业务总销售额的 20% 分配给该区域授权经销商作为佣金，并及时支付。

6.3.4 如大客户需求信息是由公司收集，而当地授权经销商既未报备也未跟进，则公司有责任将此大客户需求信息通知该授权经销商，由该授权经销商优先选择采用哪种模式进行联合销售，如经销商愿意采用 A 模式或 B 模式，双方利益分配方式如上。如经销商愿意采用 C 模式，全程由公司操作，经销商仅提供常规的配合工作，则待此订单回款完毕后，公司将该单业务总销售额的 10% 分配给该区域授权经销商作为补贴，并及时支付。

7. 经销商出货管理

经销商出货管理包含订货、交货、验货和退换货整个过程，经销商应遵循公司的渠道管理制度，保证物流的畅通和高效。

7.1 订货

经销商订货必须填写公司制定的统一订货单，以传真或邮寄方式告知公司，公司不接受口头订货。一般情况下是先款后货，无货款赊欠问题，才能进行订货。

7.2 交货

7.2.1 根据目的地及交货时间，由公司确定合理的运输方式；经销商也可以指定运输方式，但是超出部分费用由经销商承担。

7.2.2 由公司代办的货物，在取得运单之日即为交货日。

7.2.3 如果经销商要求变更交货方式、地点、接货人或提货人，应在合同规定的交货日前 7 天通知公司，并承担相关费用。

7.2.4 公司提前交货的，经销商接到货物后仍可按照合同规定的交货时间付款；合同规定自提的经销商不可以拒绝提货；公司逾期交货的，如果经销商仍然需要，公司应按约补货并负逾期交货责任，如经销商不再需要，应在接到公司通知后 3 天内通知公司，解除交货合同，逾期不答复的，视为同意发货。

7.2.5 经销商只有在足额付款之后才能获得产品所有权，而产品的风险则在产品交货或经销商取得产品之后立即转移到经销商名下。

7.3 验货

7.3.1 经销商在取得货物后开箱安装调试，以产品说明书或质量声明书的规定为合格标准。

7.3.2 经销商在验收中，如果发现产品的品种、型号、规格或质量不符合合同的规定，应妥善保管产品，并在 7 天内向公司提出书面异议。如果经销商未按规定期限提出书面异议的，视为公司所交产品符合合同的规定。

7.3.3 公司接到经销商书面提出的异议后，应在 3 天内负责处理，否则视为默认经销商提出的异议及处理意见。

7.4 退换货

7.4.1 公司销售出去的货物原则上不允许退换。

7.4.2 换货服务适用于所有公司经销商，不直接面对终端客户，公司直销项目除外。

7.4.3 如属产品质量问题或公司方发错型号，公司无条件为经销商退换货。

7.4.4 因经销商导致的产品质量或发错货问题，公司负责换货，但是由经销商承担相应的物流、维修等费用。

7.4.5 因运输原因导致内外包装严重破损的，经销商必须在货到时检查货物外观，若发现严重破损，在第一时间与运输单位双方现场确认（有文字依据），并将确认依据传真至公司，以便公司与运输单位交涉索赔。

7.5 样品管理

样品管理是公司为了鼓励经销商展示本公司产品，推广本公司品牌，完善相关行为而制定的制度。

7.5.1 普通送测样品。

（1）由经销商提出申请，业务经理审核，营销中心批准后，经销商可享受公司送测样品一定额度的免费政策。

（2）额度标准依据经销商每个月申报的月度样品计划。

7.5.2 新产品样品试用。

经销商应不遗余力地推销公司新产品（公司制定特殊政策鼓励本区域内未销售的新品和公司重点推广新品），新产品样品的试用和送测由经销商提出，大区经理批准，报总公司备案（经销商提出申请时必须提供试用单位的基本资料及联系方式，用以跟踪产品使用状况）。

7.5.3 展会样品由经销商在展会前提出品种、数量申请报总公司批准。

7.5.4 定制性产品的样品，由经销商提出申请，公司的新品研发审核委员会结合市场容量、合作潜力、成本结构等情况审批

8. 渠道冲突管理

渠道冲突主要是由于部分经销商为实现自己的商业利益，擅自在公司对其授权区域之外的区域销售公司产品，而且事先没有通报公司、未获得该销售区域授权经销商和公司认可。渠道冲突本身是无法避免的，但是公司原则上严禁经销商恶意窜货，以保护每个经销商在授权区域的经营利益，保证公司销售网络的稳定运营和良性发展。

8.1 基于渠道冲突的销售原则

8.1.1 公司及其业务员要严格遵守销售管理原则，有义务加强市场管理，维持市场秩序。

8.1.2 公司经销商严格遵守在授权区域内销售原则，不得向其他授权区域销售。

8.1.3 经销商不得在网络上或其他媒体上发布违反公司价格体系的信息。

8.1.4 对于项目型销售，各方须遵循项目报备制度。

8.2 渠道冲突处理流程

8.2.1 如果经销商在授权区域（或报备终端客户）内发现有其他区域经销商

在跟进业务或销售公司产品，无论是事前、事中或事后，都应尽快通知公司负责该区域市场管理工作的区域管理人员。

8.2.2 公司区域管理人员将对窜货事宜进行调查和取证。一旦证据确凿，则将信息整理成书面文档及建议上报公司营销中心。

8.2.3 为维护公司经销商队伍的内部团结与和谐关系，本公司倡导发生冲突的经销商之间能够通过友好协商解决（如经协商双方在利益分配方面达成共识），并形成文档由公司备案。如双方协商不成，将由营销中心根据相应处罚制度，提出处理意见。

8.3 渠道冲突处理制度

8.3.1 由公司进行协调，违规经销商保证不再窜货，并按照共识给予当地经销商一定赔偿。

8.3.2 如果双方未达成共识，则由公司对违规方予以口头警告，并处以违规经销商第一次_____元、第二次_____元罚金，一旦违规方不愿意接受处罚或再次发生类似行为，则坚决取消其经销商资格。

8.3.3 业务员恶性违规，第一次口头警告，第二次取消当月提成和奖金，第三次停职或辞退。

8.3.4 设立举报奖，举报且属实的，业务员一次奖_____元，经销商一次奖_____元。

9. 退出机制

企业在每年的返点奖励中，扣除少半部分用作市场保证金和风险准备金，经销商终止与公司的合作时，可根据具体原因分为经销商主动退出和被动退出两种，分别按如下程序进行操作。

9.1 经销商主动退出

当经销商由于自身原因在协议有效期内主动提出希望终止与本公司的合作时，或者当经销商与公司协议期满，且不希望与公司继续合作时，须按如下程序进行操作。

9.1.1 经销商应提前两个月向公司以书面形式正式提出退出合作申请。

9.1.2 得到同意批复后，经销商需向公司移交下述物品或事项：

（1）经销商需移交其作为公司经销商期间发展的所有客户名录及购货清单。

（2）经销商需退回由公司免费提供的各种样品及剩余的资料、手册等。

（3）经销商履行完成移交手续并经公司确认合格后，公司将立即返还经销商全部履约保证金，同时对经销商的账上货款余额进行转账退还。

（4）经双方确认上述交接工作完整无误后，公司将正式发函终止经销商的经销权，双方合作即告终止。

9.2 经销商被动退出

当经销商在协议有效期内严重违反协议规定或违反本方案中所做的相关约定，公司将单方面终止与经销商的合作。经销商被动退出时需按如下程序进行操作。

9.2.1 公司以书面形式正式向经销商提出终止协议决定，并提出相应理由。

9.2.2 经销商如对公司的处理决定有异议，可与公司进行协商，协商未果也可向第三方机构申请仲裁解决。

9.2.3 经销商如对公司的处理决定无异议，需向公司移交下述物品或事项：

（1）经销商需移交其作为公司经销商期间发展的所有客户名录及购货清单。

（2）经销商需退回由公司免费提供的样品及剩余的各种资料、手册等。

（3）经销商履行完成移交手续并经公司确认合格后，公司将根据经销商违约事实的具体情况，对经销商的账上保证金余额及货款余额进行转账退还。

（4）经双方确认上述交接工作完整无误后，公司将正式发函终止经销商的经销权，双方合作即告终止。

拟定		审核		审批	

二、代理商管理制度

标准文件		代理商管理制度	文件编号	
版次	A/0		页次	

1. 目的

为规范对各级代理商的管理，优化销售网络，辅导代理商融入公司管理模式，增强代理商对本公司的信心，使之与公司共同成长，特制定本制度。

2. 适用范围

本制度规定了代理商开发、调查、谈判签约、价格管理和货款管理等内容，适用于公司各级代理商的管理工作。

3. 职责

3.1 营销部职责

（1）负责代理商的开发和谈判，并促成签约。

（2）制定和执行公司产品价格政策，做好代理商货款管理工作。

（3）负责代理商销售支持和代理商维护管理。

（4）处理客户抱怨/投诉及公司平面宣传资料的策划和制作。

3.2 其他部门

配合营销部做好代理商管理工作。

4. 管理细则

4.1 代理商开发

4.1.1 区域市场通过陌生拜访、媒体及第三方介绍等方式，收集负责区域内的代理商资料和信息，登录《区域代理商名录》。

4.1.2 市场经理对名录上的代理商进行初步调查，以确定潜在客户并实施拜访，各级代理商的准入要求如下：

（1）省级代理商。

① 必须专营本公司产品，不得兼营同行业其他企业的同种产品。

② 熟悉产品市场。

③ 对所在省份或区域的同类产品的整体市场运作，有清晰的运作思路且与本公司的发展思路高度一致。

④ 具有一定的二级分销网络。

⑤ 具备一定经济实力，能够交纳进货保证金。

（2）市级代理商。

① 熟悉产品市场。

② 熟悉所在区域的同类产品的整体市场运作，市场运作思路清晰，且与本公司发展思路基本一致；必要时需提供区域市场拓展计划书。

③ 区域市场经理定期将所收集的代理商资料信息呈报营销中心，营销中心审核后经总经理审定后归档保存。

4.2 代理商资信调查

4.2.1 区域市场经理拜访和询问相关方面，对潜在客户资信度实施全面调查，调查项目参照"代理商资信调查事项表"。

4.2.2 区域市场经理根据"代理商资信调查表"调查得分对代理商的资信度实施评价和定级，定级标准为：

代理商定级标准

信用等级	调查得分	信用状况	含义
AAA 级	90 ~ 100	信用极好	代理商信用程度高，债务风险小，具有优秀的信用记录，经营状况佳，不确定性因素影响极小
AA 级	80 ~ 89	信用优良	代理商信用程度较高，债务风险较小，具有优良的信用记录，经营状况较佳，不确定性因素很小
A 级	70 ~ 79	信用较好	代理商信用程度良好，正常情况下偿还债务没有问题，具有良好的信用记录，经营处于良性循环状态，不确定性因素小
B 级	60 ~ 69	信用一般	代理商信用程度一般，偿还债务能力一般，具有良好的信用记录，其经营业绩一般，存在一定的不确定性因素

续表

信用等级	调查得分	信用状况	含义
C级	50～59	信用较差	代理商信用度较差，偿债能力不足，其经营状况和经营业绩受不确定性因素影响较大，发展前景不明朗
D级	＜50	信用差	代理商信用度很差，偿还债务能力弱，企业经营状况恶化

4.2.3 市场经理对代理商的资信调查报告应呈报营销中心审核和保存。

4.3 代理商谈判与签约

4.3.1 对资信调查达到B级及以上代理商，区域市场经理可与该代理商预约拜访进入实质性的谈判，并最终达成一致及签约。

4.3.2 营销总监、市场经理应熟悉公司各类营销制度和相关政策。与代理商进行谈判时，市场经理应向代理商解释公司有关的销售政策和措施，不得擅自承诺代理商提出的任何与现行政策和规定不相符的要求。

4.3.3 代理商提出的一些要求，目前公司制度尚无明确规定的，市场经理可报请营销中心裁决是否接受。

4.3.4 通过谈判达成合作意向的代理商，市场部经理报请营销中心批准后，代表公司与其签订经销合同，经销合同必须使用公司统一规范的合同范本。

4.3.5 所有与公司签订经销合同或协议的代理商，市场部经理均应建立代理商资料卡，呈报营销中心存档。

4.3.6 与公司签订经销合同的各级代理商，必须履行下列义务：

（1）省级代理商。

① 组建3人以上团队专职销售本公司产品。

② 签订合同三个月内发展3家以上二级代理商。

③ 须有首批进货总金额限制，根据××年全国市场管理规定，省代首批进货总金额不低于10万元人民币。

④ 遵守公司价格政策，不得擅自提价或降价。

⑤ 维护公司品牌形象，不得有任何诋毁公司产品、声誉之行为。

（2）市级代理商。

① 组建2人以上团队专职销售本公司产品。

② 签订合同三个月内发展3家以上下级代理商。

③ 遵守公司价格政策，不得擅自提价或降价。

④ 维护公司品牌形象，不得有任何诋毁公司产品、声誉之行为。

4.3.7 公司各级代理/经销商依据其享有的权责，又可分为三类：授权代理商、一般经销商和零售经销商。

（1）授权代理商。

① 享受公司制定的产品二级价格优惠。
② 必须拓展区域所属分销商。
③ 享受市场保护政策，区域内业务优先推荐。
（2）一般经销商。
① 享有公司制定的三级市场价格。
② 主要从事产品分销和零售。
③ 所属区域市场空白时，也可拓展分销商。
（3）零售经销商。
① 享有公司制定的三级市场价格。
② 绩效显著的零售可以申请一定价格优惠，优惠幅度由营销中心呈总经理批准。

4.4 销售区域

4.4.1 各级代理/经销商必须严格按照合同规定的销售区域进行销售，不得有跨区销售行为。

4.4.2 在市场销售过程中，各级代理商须对下级分销商的销售区域进行监控，根据市场发展状况组建销售队伍，维护市场销售网络。

4.4.3 各级代理/经销商严格从指定渠道进货，不得跨区进货。

4.4.4 代理商跨区销售（窜货）处理流程。

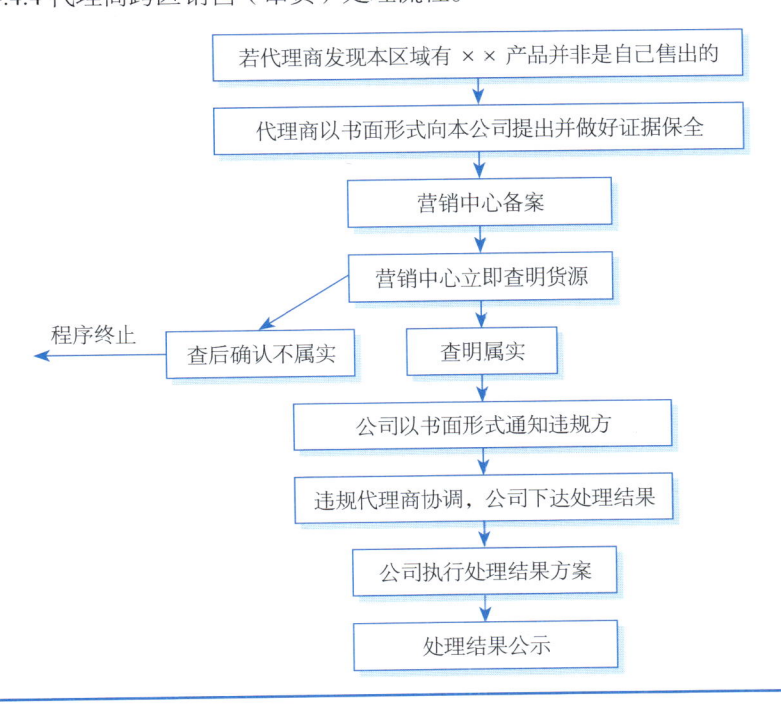

```
若代理商发现本区域有××产品并非是自己售出的
                ↓
代理商以书面形式向本公司提出并做好证据保全
                ↓
           营销中心备案
                ↓
        营销中心立即查明货源
           ↙         ↘
程序终止 ← 查后确认不属实   查明属实
                         ↓
              公司以书面形式通知违规方
                         ↓
           违规代理商协调，公司下达处理结果
                         ↓
                公司执行处理结果方案
                         ↓
                   处理结果公示
```

若代理商发现本区域有××产品并非是自己售出的，需以书面形式向本公司提出并做好证据保全（证据包含但不限于：窜货、倒货嫌疑的商铺地址、产品型号、数量及产品编码等）。

4.4.5 代理商跨区销售（窜货）处罚规定。

（1）对第一次窜货的省级代理商，处以1000元以上5000元以下的罚款，对于不能查明数量的，根据本次窜货造成的影响情况给予3000～10000元罚款，罚款金额将全部支付给本次窜货区域的受害方，并将处理结果公示。

（2）对第二次窜货的省级代理商，处以3000～10000元的罚款，对于不能查明数量的，根据本次窜货造成的影响情况给予8000～15000元罚款，罚款金额将全部支付给本次窜货区域的受害方，并将处理结果公示；同时本公司将与窜货省级代理商沟通，严肃指出窜货的造成的后果。

（3）对第三次窜货的省级代理商，处以8000～15000元的罚款，对于不能查明数量的，根据本次窜货造成的影响情况给予30000元以上罚款，罚款金额将全部支付给本次窜货的受害方，并将处理结果公示，本公司视情节的严重性保留单方面终止合同的权利。

4.5 价格管理

4.5.1 市场部经理负责提供信息制定公司产品价格政策，目前公司产品价格以批发价为主，以后根据市场发展情况分为三个等级。

一级价格：省级代理商享有。

二级价格：授权代理商享有。

三级价格：一般代理商享有。

4.5.2 各级代理/经销商应积极配合公司价格政策，按公司统一售价进行销售，未经公司批准不得擅自提价或降价。

4.5.3 各级代理/经销商之间有义务在市场价格上保持统一性，共同维护市场秩序。

4.5.4 公司依据市场趋势和竞争对手的价格策略，不定期调整产品价格（政策），确保各级代理/经销商具有价格方面的竞争优势。

4.6 货款管理

4.6.1 公司所有代理/经销商的订货款项均以银行转账等方式结算，本公司营销人员原则上不得接受任何代理商的现金支付，特殊情况必须经营销总监或总经理批准。

4.6.2 公司所有代理商的货款均须以公司指定的银行账号进行结算，代理商货款转入非指定银行账号的，其损失由代理商承担。

4.6.3 代理商携带款项至公司订货的，允许使用现金结算的方式付款。

4.6.4 公司所有代理商订货原则上均依款到发货方式处理，特殊情况必须经营销总监或总经理批准。

4.7 销售支持

公司为协助代理商拓展和维护市场，为代理商提供了一系列销售支持措施。

4.7.1 价格支持：公司根据区域销售情况和竞争对手的产品价格，为各级代理商提供具有竞争力的产品价格。公司承诺根据市场状况不定期调整产品价格（政策）。

4.7.2 促销活动：公司根据市场拓展需要不定期组织全国性的促销活动，扩大企业和产品在本区域的知名度和影响力。区域代理商也可根据市场竞争状况，向公司申请促销活动支援。

4.7.3 广告牌费用报销：各级代理商使用公司全国统一标识作为店面广告牌的，公司依据代理商提供的店铺广告牌照片报销其相关的喷绘费用；各级代理商也可将专卖店或是店铺广告牌尺寸报给公司，由公司统一设计。

4.7.4 宣传材料：省级代理商可向公司申请发放宣传材料，公司依据其业务情况和实际需要发放适当数量的宣传材料。

4.7.5 人员支持：必要时，公司可选派具有丰富市场拓展经验的市场专员协助和指导代理商拓展市场。

4.8 代理商维护

4.8.1 市场部人员应定期对各级代理商进行回访，了解各级代理商市场开发状况和需求、建议，并协助其解决。原则上，省级代理商至少每季度回访一次，县市级代理商每半年回访一次。区域专员回访客户应编制代理商回访记录，呈报营销中心。

4.8.2 市场部应定期对公司各级代理／经销商实施电话回访，回访的内容包括代理／经销商对于公司产品、价格、包装等方面的建议和意见。

4.8.3 各级代理／经销商可根据市场反馈，对产品、价格、包装等方面提出合理的建议，并收集本公司产品或同类产品的市场信息，及时传递经营状况、销量、库存量等信息至公司，公司市场部将各级代理／经销商反馈信息做详细记录并备案，对代理商提供的相关信息进行分析总结，报营销中心批准后提供必要的援助。

4.8.4 公司为各级代理商提供下列形式的技术服务支持：

（1）提供销售解决方案。

（2）电话咨询与技术指导。

4.8.5 公司定期向各级代理商提供最新产品信息和行业资讯，以帮助各级代理商及时了解市场最新动态。

4.8.6 必要时，公司将对代理商提供产品技术知识和销售技能等方面的培训，协助代理商建立和培养销售队伍，快速拓展市场。

4.9 代理商考核

4.9.1 市场部于每年年初对代理商上一年度业绩实施考核，考核项目参照考核表。

4.9.2 市场部对代理商的考核应覆盖所有的省级代理商，但下列情况除外：

（1）当年 5 月份及以前与公司签订经销合同的，从第二年起参与考核；

（2）当年 5 月份以后与公司签订经销合同的，从第三年起参与考核。

4.9.3 市场部应对考核结果进行汇总统计和分析，并将分析报告呈报公司营销总监和总经理。

拟定		审核		审批	

第三节　渠道管理表格

一、潜在客户档案——经销商

潜在客户档案——经销商

填报人：　　　　　　　　　　　　　　　　　　　　档案号：

	客户名称		接洽人		职位	
客户概况	地址		电话		传真	
	企业性质		成立时间		信用情况	
业务概况	业务范围					
	业务现状					
	经营品种					
	业务覆盖区域					
	主要客户渠道					
	在当地同业的地位					
	与竞争厂家的关系					
拜访情况	已拜访次数					
	最近一次拜访日期					
	对本公司的了解及态度					

80

续表

拜访情况	合作意向	
	合作要求	
建议采取的对策和行动		
备注		

二、经销商年度评估表

经销商年度评估表

填报人：　　　　　　　　　　　　　　　　　　评估日期：＿＿＿年＿＿月＿＿日

经销商		级别	
所属区域		负责人	
开始合作时间		本年度累计回款（元）	
评估项目	销售指标完成情况		
	平均存货情况		
	价格管理情况		
	财务、信用情况		
	促销合作程度		
	搜集、提供市场信息的合作程度		
	业务发展状况		
发展潜力分析			
存在的问题			
下年度对策			
销售部经理审核		签字：　　　　　　　＿＿＿年＿＿月＿＿日	
销售副总审核		签字：　　　　　　　＿＿＿年＿＿月＿＿日	
总经理审批		签字：　　　　　　　＿＿＿年＿＿月＿＿日	

注：本表每年年底由大客户业务员填写一次，销售部经理审核，并交由市场部存档。

三、新经销商申请表

新经销商申请表

填报人：　　　　　　　　　　　　　　　　　　　　　申请日期：＿＿＿＿年＿＿＿月＿＿＿日

经销商概况	经销商名称		电话	
	地址		传真	
	企业性质		成立时间		信用情况	

业务概况	业务范围	
	经营产品品牌数	
	业务覆盖区域	
	主要客户渠道	
	在当地同业的地位	
	与竞争厂家的关系	
	流动资金	
	上年利润	
	上年××产品销量	
	业务现状	

合作前景	对××品牌的了解及态度	
	合作意向	
	合作要求	

销售部经理审核	
	签字：　　　　　＿＿＿＿年＿＿＿月＿＿＿日

销售副总审核	
	签字：　　　　　＿＿＿＿年＿＿＿月＿＿＿日

总经理审批	
	签字：　　　　　＿＿＿＿年＿＿＿月＿＿＿日

四、现有经销商调整报表

现有经销商调整报表

填报人：_____   报告日期：_____年____月____日

经销商名称		等级	
所属区域		负责人/职位	
地址		电话	
开始合作日期			
年平均业绩			
说明调整原因			
拟采取的行动步骤			
销售部经理审核		签字：_____ _____年____月____日	
销售副总审核		签字：_____ _____年____月____日	
总经理审批		签字：_____ _____年____月____日	

五、潜在客户名录——经销商

潜在客户名录——经销商

填报人：_____   最近填报日期：_____年____月____日

区域	客户名称	详细地址	负责人	电话	业务类别	规模	有否拜访	备注

注：本表每季度更新一次并交由销售部内勤存档，对于当地的重点潜在客户，必须进行至少一次拜访并建立档案，以便为新客户开发提供背景资料。

六、经销商每周拜访表

经销商每周拜访表

经销商：_____ 级别：_____ 填报人：_____ 日期：____年___月___日

	品种	规格	本周销量	本周销售价格	本周进货	累计进货	本年计划	完成百分比(%)
××产品								
竞争产品								

拜访总结	特别事项（客户情报、竞争对手动向、客户意见、质量问题等）	
	应采取的对策与行动	
累计回款		

注：本表必须由渠道维护专员如实填写，每周五结束工作前上报至渠道维护主管由销售部内勤存档，相关上级主管负责不定期地对此工作进行抽查。

七、经销商月库存报表

经销商月库存报表

经销商：_____ 级别：_____ 填报人：_____ 填报日期：____年___月___日

品种	规格	上月库存	本月进货	现库存	本月销量	在途	下月计划

注：本表必须如实填报，渠道业务员和渠道维护主管共同签名确认，每月25日下班前上报至销售部经理，如遇节假日顺延至次一工作日，特殊情况按销售部经理通知执行。本表在市场部存档，市场部负责安排对填报内容的真实性进行抽查。

渠道业务员签名：_____ 日期：____年___月___日
渠道维护主管签名：_____ 日期：____年___月___日

八、经销商推广物料申请表

经销商推广物料申请表

物料名称	物料用途	数量	费用
申请人		申请日期	
审核人		审核日期	

九、经销商推广费用申请表

经销商推广费用申请表

活动名称		活动时间	
活动目的			
活动内容简介			
活动费用预算			
申请人		申请日期	
审核人		审核日期	

十、经销商培训支持申请单

经销商培训支持申请单

申请单位： 负责人签名：			
申请原因：			
培训内容：		培训要求：	
培训时间		培训地点	

十一、经销商培训计划表

经销商培训计划表

培训类型	核心经销商		重点经销商		普通经销商	
	培训方式	培训次数	培训方式	培训次数	培训方式	培训次数
经营管理培训						
企业文化培训						
销售培训						
技术培训						
产品培训						

十二、经销商培训费用表

经销商培训费用表

经销商级别	人数	费用细目			
		交通	住宿	伙食	培训
核心					
重点					
普通					

十三、经销商年度拜访计划

经销商年度拜访计划

经销商级别	拜访次数	拜访计划	备注
战略经销商			
优秀经销商			
重点经销商			
普通经销商			

十四、代理商资信调查表

代理商资信调查表

代理商：_____   调查人员：_____   调查结果：_____

一、经营者
1. 家庭关系是否紧张（3分）	【A】否	【B】是
2. 是否沾染赌博、酗酒等不良嗜好（3分）	【A】否	【B】是
3. 是否对工作放任自流，不闻不问（3分）	【A】否	【B】是
4. 经营人员是否努力工作，锐意进取（2分）	【A】是	【B】否
5. 经营者之间是否存在财产争夺的隐患（3分）	【A】否	【B】是
6. 经营者是否高高在上，脱离员工（2分）	【A】否	【B】是
7. 是否为筹集资金而伤神（1分）	【A】否	【B】是
8. 经营者之间是否存在面和心不和，相互掣肘的情况（2分）	【A】否	【B】是
9. 经营者说话是否颠三倒四，朝令夕改（2分）	【A】否	【B】是
10. 经营者是否难寻踪影（2分）	【A】否	【B】是
11. 经营者是否整日面容憔悴，疲惫不堪（1分）	【A】否	【B】是
12. 经营者是否制定出明确的经营指标（3分）	【A】是	【B】否
13. 经营者对经营指标是否一无所知，或一知半解（2分）	【A】否	【B】是
14. 社会上是否有负面传闻（1分）	【A】否	【B】是
15. 经营者打电话时员工是否经常窃窃私语，神秘兮兮（2分）	【A】否	【B】是
16. 同行业者对其评价是否良好（2分）	【A】是	【B】否
17. 员工对其评价是否良好（1分）	【A】是	【B】否
18. 是否身体健康，体力充沛（2分）	【A】是	【B】否
19. 经营者对本行业前景是否认同（2分）	【A】是	【B】否
20. 经营者对本公司及产品是否认同（3分）	【A】是	【B】否

得分小计：

二、企业内部管理
1. 员工是否崇尚团队精神，团结一致（2分）	【A】是	【B】否
2. 员工是否服从上司领导，做到令行禁止（2分）	【A】是	【B】否
3. 对分配的工作，员工是否按时按质完成（2分）	【A】是	【B】否
4. 辞职率是否居高不下（2分）	【A】否	【B】是
5. 员工中是否有人从事第二职业（1分）	【A】否	【B】是
6. 员工上班纪律是否松懈（2分）	【A】否	【B】是
7. 员工是否将牢骚、不满向企业外部人员倾诉（2分）	【A】否	【B】是
8. 员工是否在已知总经理行踪情况下仍对询问故作不知（1分）	【A】否	【B】是
9. 总经理不在时，员工是否表现出兴高采烈的表情（1分）	【A】否	【B】是
10. 办公场所是否经常有身份不明的外来人员（1分）	【A】否	【B】是
11. 办公区域、仓库是否杂乱无章，一片狼藉（2分）	【A】否	【B】是
12. 员工是否每日无所事事（2分）	【A】否	【B】是
13. 员工是否有不检点行为（1分）	【A】否	【B】是
14. 员工是否违规操作，以中饱私囊（2分）	【A】否	【B】是
15. 库存量是否急剧增减（2分）	【A】否	【B】是
16. 管理人员能力是否胜任工作要求（2分）	【A】是	【B】否
17. 管理人员是否受员工尊重和信任（2分）	【A】是	【B】否
18. 管理人员是否用心培养员工（2分）	【A】是	【B】否
19. 企业氛围是否积极向上、士气高昂（2分）	【A】是	【B】否
20. 公司经营业绩是否良好（3分）	【A】是	【B】否

得分小计：

三、财务状况
1. 资金实力是否雄厚、风险承担能力强（3分）	【A】是	【B】否
2. 现金不足，是否提前回收货款以解决资金不足（3分）	【A】否	【B】是

续表

3. 是否为筹措资金低价抛售产品（2分）	【A】否	【B】是
4. 是否有传闻其他债权无法索回借款（1分）	【A】否	【B】是
5. 是否开始利用高息贷款（2分）	【A】否	【B】是
6. 是否频繁更换商业银行（2分）	【A】否	【B】是
7. 经营者和财务负责人是否经常奔走于各类金融机构（2分）	【A】否	【B】是
8. 与业务银行关系是否紧张（2分）	【A】否	【B】是
9. 业务银行是否对其采取强制性措施（2分）	【A】否	【B】是
10. 与其他债权人关系是否紧张（2分）	【A】否	【B】是

得分小计：

注：（1）本调查报告共50条，每一条调查结果为【A】的，得满分；调查结果为【B】的，得0分；最终得分为累计之和。

（2）对经营者的调查可通过与经营者交流的方式；对企业内部管理的调查可通过与员工的谈话、公司实际观察等方式；对财务状况的调查则可通过与财务人员及第三方交流。

十五、代理商考核表

代理商考核表

代理商名称			考核人员		考核年度	
评价因素		评价要点			评分标准	考评得分
市场拓展	1	市场拓展非常得力，分销商开发达成率100%			15	
	2	市场拓展得力，分销商开发达成率95%			11	
	3	市场拓展基本合乎要求，分销商开发达成率90%			7	
	4	市场拓展力度不够，分销商开发达成率仅达80%			4	
	5	市场拓展被动，分销商开发达成率不足80%			1	
销售额	1	业绩优秀，年度销售目标达成率100%			15	
	2	业绩优良，完成年度销售目标的95%			11	
	3	业绩尚可，完成年度销售目标的90%			7	
	4	业绩一般，仅完成年度销售目标的80%			4	
	5	业绩较差，年度销售目标达成率低于80%			1	
配合度	1	主动配合公司有关政策，执行良好			15	
	2	基本能执行公司有关政策，未发生违规行为			11	
	3	尚能执行公司有关政策，发生1次违规行为			7	
	4	对公司部分政策有抵触行为，发生3次以上违规行为			4	
	5	拒绝执行公司有关政策，经常发生违规行为			1	
销售增长率	1	年度销售总额增长达30%			15	
	2	年度销售总额增长达20%			11	

续表

评价因素		评价要点	评分标准	考评得分
销售增长率	3	年度销售总额增长达 10%	7	
	4	年度销售总额增长达 5%	4	
	5	年度销售总额几乎没有增长，增长率尚不足 5%	1	
消费者投诉	1	年度内未发生消费者投诉	15	
	2	年度内消费者投诉次数 1 次	11	
	3	年度内消费者投诉次数达 2 次	7	
	4	年度内消费者投诉次数达 3 次	4	
	5	年度内消费者投诉次数达 4 次及以上	1	
代理商投诉	1	年度内未发生下属代理商投诉	10	
	2	年度内下属代理商投诉次数 2 次及以内	8	
	3	年度内下属代理商投诉次数达 5 次	6	
	4	年度内下属代理商投诉次数达 8 次	4	
	5	年度内下属代理商投诉次数达 10 次及以上	1	
回款准时率	1	无须跟催，总能按约定时间准时或提前回款	15	
	2	年度内未延迟付款，准时率 100%	11	
	3	年度内发生 1 次延迟付款	7	
	4	年度内发生 2 次延迟付款	4	
	5	年度内发生 3 次延迟付款	1	
综合得分				
年度评语				

第五章

促销管理

第一节 促销管理要领

一、促销管理的主要内容

一般来说，企业在对促销进行管理时，应包括以下内容：

1. 要解决好"人"的问题

这方面包括终端管理人员的协调、终端周边相关人员关系的协调，营造最好的软环境，促销人员的招聘、培训、安置及明确每个与促销有关人员的岗位责任等，保证促销人员到位、促销品到位。

2. 了解竞争对手的信息

即在促销过程中要及时了解竞争对手的信息，如竞争品牌的现状、有无促销活动、对我方的促销反应等，并据此制订灵活的应对措施。

3. 要加强物料管理

（1）促销过程管理。

促销过程管理要加强物料管理，要有明确的管理规定，让每个人都明确宣传物料的作用是什么，如何利用宣传物料，并制定合理的配备和管理的原则。

（2）赠品管理。

赠品方面，要有专人负责，明确发放原则和管理，该发的一个也不能少，不该发的一件也不多发，做到既要充分宣传，又要节省物料，达到最佳效果。

二、促销管理的实施步骤

一般来说，企业在对促销进行管理时，应按照以下步骤实施：

1. 促销策划

（1）定义。

所谓促销策划，是指对各种促销方式进行组合运用时，具有创造性的谋划与设计，是在市场目标的导向下使促销与多种市场工具实现良好交互作用的策略设计、策略评价和策略控制过程。

（2）内容。

整个过程分为促销准备、目标的策划与制定、目标的量化、促销市场的定位、促销工具的选择、促销预算等若干环节。

2. 促销实施

促销实施是通过对促销方案的审定，并寻找一定的媒介，设计出促销活动，并借助媒介进行活动宣传。在活动的过程中，企业要注意控制其实施过程。

3. 效果测评

在促销活动结束后，企业要对其进行测评，常见的测评方法有以下三种：

（1）前后比较法。

即将开展销售促进活动之前、之中和之后三段时间的销售额（量）进行比较来测评效果，这是最常用的消费者促销评估方法。促销前、促销期间与促销后产品的销售量会呈现出几种不同的情况，这说明促销产生了不同的效果。

（2）市场调查法。

市场调查法是企业组织有关人员进行市场调查分析确定促销效果的方法。这种方法尤其适合于评估促销活动的长期效果。调查的项目包括促销活动的知名度、消费者对促销活动的认同度、销售增长（变化）情况、企业形象的前后变化情况。

（3）观察法。

这种方法是通过观察消费者对促销活动的反应，从而得出对促销效果的综合评价，主要是对消费者参加竞赛与抽奖的人员、优惠券的回报率、赠品的偿付情况等加以观察，从中得出结论。这种方法相对而言较为简单，而且费用较低，但结论易受主观影响，不是很精确。

测评结束后，应写出效果测评报告，以便为下次的促销活动提供借鉴。

第二节　促销管理制度

一、促销管理规定

标准文件		促销管理规定	文件编号	
版次	A/0		页次	

1. 目的

1.1 指导各区域市场的促销策划和实施，使之成为××产品市场竞争的有力武器，提高促销策略运作水平。

1.2 加强管理和控制，提高促销资源的使用效率和促销的整体协同性，以保证公司整体市场目标的达成。

1.3 实现流程化管理，为销售人员提供服务，提高市场响应速度，提高促销活动的组织和实施效率，增强其销售效果。

2. 适用范围

适用于本公司的各类促销活动。

3. 管理规定

3.1 促销的类型

3.1.1 A 类促销：由公司统一规划的全国性大型促销，主要目的为配合公司品牌塑造、新产品推广、竞争策略实施等整体性目标的达成。由公司市场部负责策划，各省办事处和区域经理负责组织及实施。

3.1.2 B 类促销：主要是快速响应社会上的短期突发性的焦点新闻，或者公司突发的公众危机，以及应对竞争对手的进攻等突发事件的反应式促销。由公司市场部和事发区域市场的办事处或区域经理共同策划，后者负责组织与实施。

3.1.3 C 类促销：主要是各区域市场针对销售中遇到的一些经常性问题，如发展经销商、增加深度分销和网点、拉动客流量、维护客情关系、提升销量、打击竞争对手等，而举办的日常小型促销。由各省办事处和区域经理申请，市场部协助策划，销售人员组织实施，公司总部提供"促销套餐"计划支持。

3.2 各种促销类型的费用来源及比例

促销类型	费用来源	费用总额（比例）	直接使用者
A	公司广促费预算	销售额的 1.5%	营销中心
B	公司广促费预算	销售额的 0.5%	营销中心
C	省办广促费预算	销售额的 3%	省办、区域经理

3.3 促销管理流程

3.3.1 A 类促销管理流程：

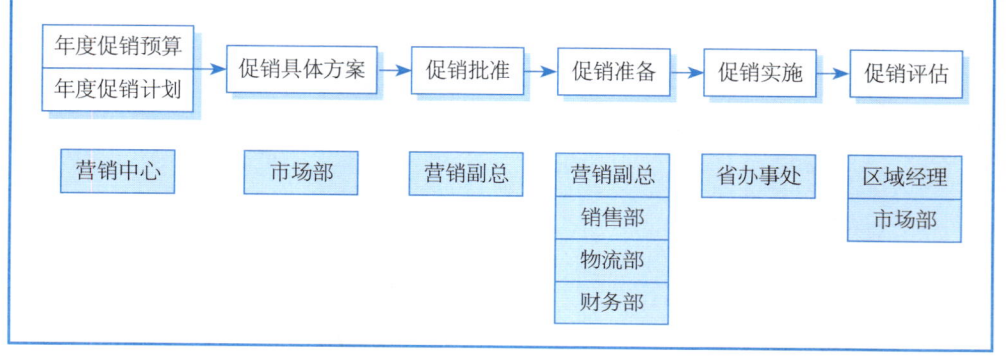

年度促销预算 / 年度促销计划 → 促销具体方案 → 促销批准 → 促销准备 → 促销实施 → 促销评估

- 营销中心
- 市场部
- 营销副总
- 营销副总 / 销售部 / 物流部 / 财务部
- 省办事处
- 区域经理 / 市场部

3.3.2 B类促销管理流程：

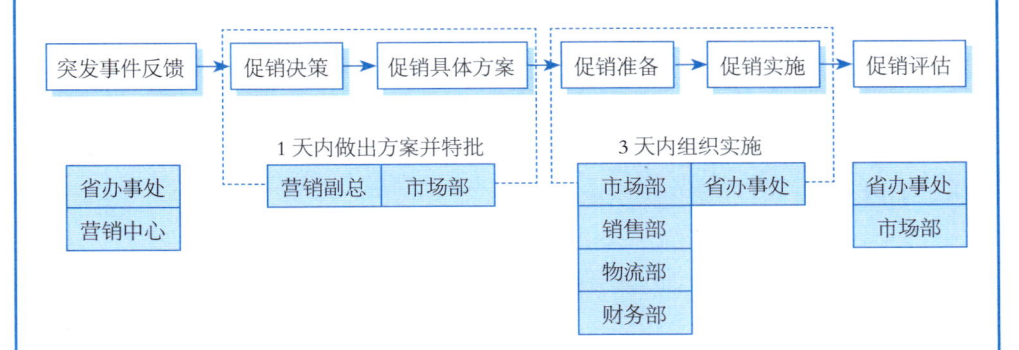

```
突发事件反馈 → 促销决策 → 促销具体方案 → 促销准备 → 促销实施 → 促销评估

           1天内做出方案并特批      3天内组织实施

省办事处      营销副总  市场部      市场部  省办事处      省办事处
营销中心                           销售部                市场部
                                  物流部
                                  财务部
```

3.3.3 C类促销管理流程：

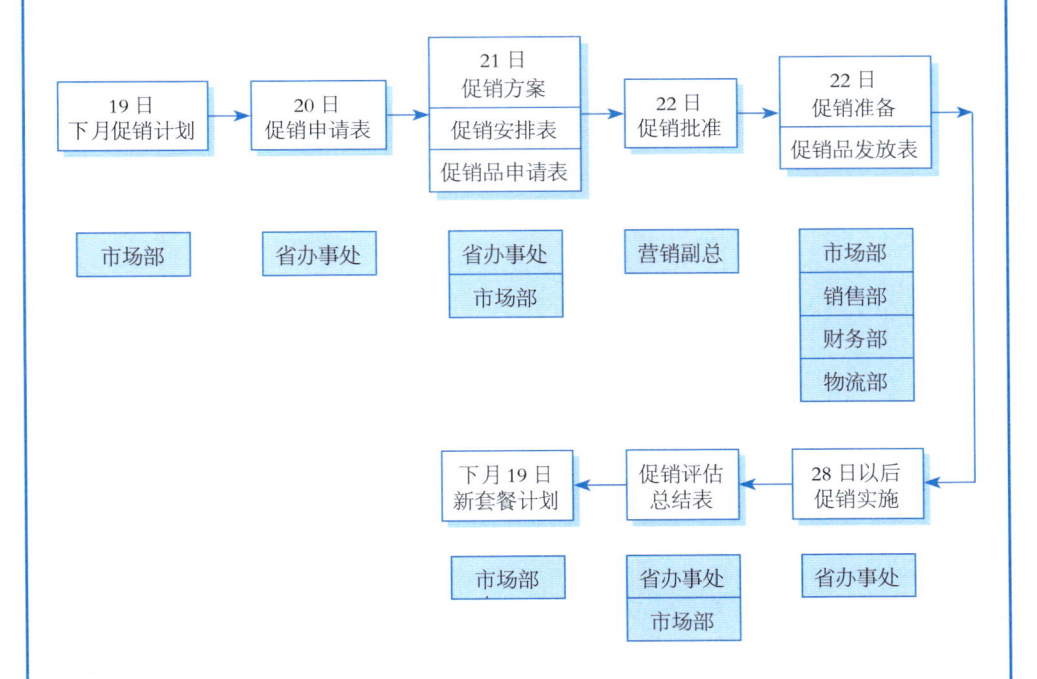

```
19日            20日         21日           22日        22日
下月促销计划 →  促销申请表 → 促销方案    →  促销批准 → 促销准备
                            促销安排表                  促销品发放表
                            促销品申请表

市场部         省办事处      省办事处       营销副总    市场部
                            市场部                     销售部
                                                      财务部
                                                      物流部

下月19日    ←  促销评估   ←  28日以后
新套餐计划     总结表        促销实施

市场部         省办事处      省办事处
               市场部
```

3.4 相关各部门在促销管理中的责任

3.4.1 营销副总：负责对各类促销方案的审核和批准，对促销的总体效果负责。

3.4.2 市场部：

（1）负责制订年度促销规划和预算。

（2）策划A、B类促销活动，并制订实施计划。

95

（3）每月协助各省办事处选定 C 类促销方案和实施计划，协助促销品的设计、选购和配发。

（4）负责对各类促销活动的评估和总结分析，收集相关资料，不断开发和丰富促销方案和相关工具。

（5）负责根据各类促销品的采购计划按时进行保质保量的采购，加强供应商管理，不断反馈新促销品的信息。

3.4.3 销售部：负责促销活动的全程监督和执行。

3.4.4 省办事处（区域经理）：负责 C 类促销的决策和申请，选择和计划 C 类促销方案，同时实施、跟踪、监控本区域内执行的各类促销，对促销的区域性效果负责。

3.4.5 财务部：

（1）负责根据批准的促销预算计划，及时办理相关费用支付。

（2）对各项促销费用进行审核和监督。

3.4.6 物流部：负责按照批准的促销品发放单及时准确地将各类促销品发运到目标区域市场，做好物流保障工作。

3.5 C 类促销的特殊规定

3.5.1 季度分配。

（1）一季度：0.5%。

（2）二季度：0。

（3）三季度：1.5%。

（4）四季度：1%。

（5）第三、第四季度数值按前半年的销售情况会做出相应的调整。

（6）每年未用完的部分不记入下一年度。每季度不可以超标使用费用，但上一季度未用完的部分可以累计至本季度。单月的费用最低为 0，最高为季度总额的 50%。

3.5.2 地域内的分配。

每月至少有 50% 的零售店参加，每一地级市在每季度内至少参加一次促销。

3.5.3 C 类促销费用专款专用，不得挪作他用。

| 拟定 | | 审核 | | 审批 | |

二、助销物料管理办法

标准文件		助销物料管理办法	文件编号	
版次	A/0		页次	

1. 目的

根据公司管理制度的规定，结合实际情况，为了加强助销器材的管理，充分发挥助销器材的陈列效果，使助销器材能够更有效地发挥销售促进作用，特制定助销物料管理办法。

2. 适用范围

本办法适用于各种助销物料的管理。

3. 管理规定

3.1 助销物料的范围界定

3.1.1 助销物料是指陈列在终端商场内，通过引导、启发、刺激等手段来促使消费者产生购买兴趣，做出购买决策，发生购买行为，从而增加产品销售的各类助销器材和材料，如展柜、展台、价签、挂网、小铁架、太阳伞、帐篷、广告牌、公司画册、促销服、小礼品等。助销器材是指价值较大、可重复使用的助销物料，如展柜、展台、帐篷等。

3.1.2 公司的各种助销器材主要用于终端商场的产品陈列，严禁流于其他渠道、挪作他用或陈列竞品。

3.2 助销物料的开发管理

3.2.1 助销物料的开发管理由市场部负责。促销物料的开发需要遵循新颖、适用原则，并同销售产品具有关联性。

3.2.2 开发的助销物料须经销售部认可，各省销售分公司按市场部的统一要求进行陈列或使用。

3.3 助销物料的采购管理

3.3.1 各省销售分公司根据市场投入的需要，于每月 25 日前填报下月助销物料计划，经销售部经理、市场部经理审核，营销总监 / 总经理批准后转为申购单，由采购部统一采购。

3.3.2 助销物料的采购统一由采购部管理。超市自行配制的陈列器材，如需在市场进行采购的，需要由各省销售分公司提出申请，经营销总监 / 总经理审核批准后执行。

3.4 助销物料的使用管理

3.4.1 助销物料的保管和发运由生产基地物流部负责。

3.4.2 公司有条件地对经销商提供终端商超所需的陈列器材，需由各经销商申请，并按公司规定金额售让。公司提供的陈列货架，原则上不允许陈列不属于本公司的产品。

3.4.3 公司投入市场的助销器材，须由当地销售人员提出申请报告，由省级经理和销售部经理／市场部经理审核、营销总监／总经理批准后方可发放。

3.4.4 生产基地物流根据订单，随车配送助销器材和促销礼品。

3.4.5 经申请批准的全部由公司投入的助销器材在投入市场后，根据实际配送数量填写助销器材投放登记表，每一份助销器材的申请都必须进行登记。同时，每一投放门店都必须要有登记表，实际数量如有变动由区域负责人填写变动记录。

3.4.6 对发放在市场的各种助销器材由销售人员与经销商或终端商场共同商定使用方法，与使用方签订使用协议，该协议传至公司备查，并登记。

3.4.7 助销器材投放登记表作为各省销售分公司的文件资料统一保管。各省销售分公司在每月25日需将所辖区域的助销器材投放数量根据实际情况进行汇总上报市场部。

3.4.8 销售人员应加强对经销商处的助销物料盘存，杜绝助销物料截留在经销商处。

3.4.9 助销器材的陈列要求：

（1）必须百分之百地陈列本公司产品；

（2）援助器材上有公司标志的字体或相关产品信息面向消费者；

（3）定期对所投放的助销器材进行维护，保持助销器材清洁；

（4）及时更换或修理破损的助销器材。

3.4.10 各销售人员应本着节约的原则，避免器材的浪费，能修理使用的就修理使用，能重复利用的就重复利用。对终端商场破损、报损的助销器材，销售人员应及时予以登记，记录更换原因。

3.4.11 凡超市因装修改建已不再使用或需要报损不能使用的助销器材，销售人员应协助经销商及时收回。

3.5 附则

3.5.1 各级销售人员应关注助销物料对销售的促进作用，密切关注竞品的助销物料情况，并对公司的助销物料投放提出建议。

3.5.2 因管理不善发生助销器材丢失或挪作他用，发现一次将对负责该区域的省级经理和区域经理分别处以100元、50元的罚款，情节严重者，将给予严肃处理。

3.5.3 人员变动时，应向接管人交清助销物料相关资料，否则按丢失情况处理，并追究相关人员责任。

拟定		审核		审批	

三、促销礼品管理办法

标准文件		促销礼品管理办法	文件编号	
版次	A/0		页次	

1. 目的

为规范公司促销礼品的管理，保证礼品的合理采购、严格保管、及时发放，为销售一线人员提供更优质、高效的服务，特制定本办法。

2. 适用范围

本办法中所说的促销礼品主要是指为销售工作提供的促销礼品。

3. 管理规定

3.1 促销礼品用途及种类

3.1.1 促销礼品是指公司在促进销售及服务、业务活动赠送、集团客户维护时使用的礼品。

3.1.2 公司常规促销礼品的用途如下：

礼品种类	用途	礼品示例
5～10元礼品	（1）展厅或线下活动留存潜客时使用 （2）线下活动进行市场调查时使用 （3）线下活动互动环节使用	鼠标垫、钥匙扣、便签笔记本等
20～30元左右礼品	（1）线下活动客户下订单时使用 （2）店头活动时邀约客户使用	雨伞、收纳凳、水杯等
100元左右礼品	（1）客户关怀使用 （2）集团客户维护使用	工具箱、空调被、休闲折叠桌椅等

3.2 促销礼品采购要求

3.2.1 采购前的申请要求。

（1）采购礼品首先必须做好申请，理由充分，符合当前需求。

（2）不做签名或口头申请将视为无效申请。

（3）市场网络部作为礼品的责任部门，采购时根据实际需求填好申请单方可采购。

（4）由市场总监核实申请单中的礼品种类和数量及用途后统一采购。

3.2.2 采购价格。

（1）严格按照比价采购的原则，把好采购价格第一关，选择高性价比的经销商。

（2）采购价格要根据市场动态接受价格监督，批量礼品的采购要遵循市场批发价格标准。

（3）采购的礼品要质优价廉，从公司利益出发，从成本上节约资金。

3.3 促销礼品发放及入库保管要求

3.3.1 发放及保管责任部门：市场网络部。

3.3.2 发放说明：

（1）对申请领取礼品单位核实其使用用途后发放。

（2）对申请单位上次礼品发放资料反馈不合格或未反馈的，不予以发放。

（3）申请单位相关负责人或其指定人员在市场网络部签字确认后方能发放。

（4）市场网络部按礼品种类进行发放登记及统计，每月统计礼品出入库情况、领取单位发放反馈情况到市场总监处。

（5）对使用数不确定的情况，在领用时按预计数量签字发放，未使用完归还礼品时再重新入库计数。

（6）客户关怀礼品由市场网络部按客户关怀方案中的数量统一安排发放。

（7）其他礼品由各单位向市场网络部申请，市场网络部视库存情况并审核数量后安排发放。

3.3.3 入库保管要求：

（1）所有促销礼品到货后都要——建账入库，建账指领用登记表登记和电子表格进销存统计2种。

（2）市场网络部安排专人负责保管礼品储存仓库钥匙，并落实第一和第二责任人。

（3）礼品储存仓库第一责任人负责对礼品入库摆放、领用及更新登记、月度进销存数据统计的真实性和账物相符性负责。

（4）礼品储存仓库第二责任人在第一责任人不在公司或不方便进出仓库时，需第一时间向第一责任人汇报和确定是否能正常发放，并承担进出仓库领用或放还礼品的职责，对发放登记等记录的真实性负责。

（5）礼品储存时要注意礼品特点，保证避免因挤压、乱放等原因造成礼品损坏或账物不符。

3.4 促销礼品使用要求

3.4.1 物尽其用。

（1）各单位接收到促销礼品后要做好规划，并且对活动使用的促销礼品做好预估和计划。

（2）促销礼品在使用上一定要严格按照礼品用途的要求进行。

（3）按照自己单位的计划，礼品在不浪费、不私自存放的情况下使用完毕。

3.4.2 对使用情况做好记录。

（1）每次给客户下发一份礼品必须严格按照礼品领用登记表的要求进行登记。

（2）记录信息必须属实，如有弄虚作假，一经发现则视为不合格，将会影响下次促销礼品的申请和领用。

3.5 促销礼品使用情况反馈及监督

3.5.1 反馈要求：

（1）各个领用礼品的单位在每月最后一天必须自觉反馈"××单位＋礼品出入库台账表"和"××单位＋礼品领用登记表"至市场网络部。

（2）客户关怀的礼品将单独记录在"××单位＋礼品出入库台账表"和"××单位＋礼品领用登记表"中，以便后期客户关怀回访的核实。

（3）礼品领用的数量必须与礼品出入库的数量一致，否则为不合格。

（4）到期未反馈的单位将视为自动放弃礼品的申请和使用，在下次礼品发放中将进入黑名单处理。

3.5.2 监督要求：

（1）领用礼品的单位负责人必须落实每个礼品的发放并做好相应的记录，确保"礼品出入库台账表"和"礼品领用登记表"一致并且登记无误。

（2）市场网络部将对每个领用礼品的单位进行负责，不定期地了解其使用状况。

拟定		审核		审批	

四、促销员管理办法

标准文件		促销员管理办法	文件编号	
版次	A/0		页次	

1. 目的

规范促销员招聘、离职、工资发放、培训、考核的管理，达到：

1.1 通过录用审批改变随意增员现象，通过定期培训提升人员素质，达到减员增效。

1.2 通过考勤记录管理、促销员资料管理确保工资按时并正确发放。

1.3 通过合同、薪酬、离职手续、员工花名册等系列规范管理，避免劳动风险。

1.4 通过市场调查、导购主管总结、月通报等发现并解决促销员管理中的问题，通过促销员工作评价选出优秀的促销员，建设高素质的促销员队伍。

2. 促销员的定义

促销员是指符合公司的任职资格，并在公司指定的终端从事产品的介绍、宣传、说明及销售工作，且为消费者提供科学的产品知识的专业人员。

101

3. 促销员任职资格及工作职责

3.1 促销员任职资格

3.1.1 基本素质的要求。

（1）态度：积极主动、能吃苦、有责任心。

（2）语言能力：通晓所在区域方言，愿意与人沟通。

（3）工作经验：具有卖场和超市的工作经验。

3.1.2 其他要求。

（1）年龄：20—35岁，男女不限。

（2）形象：身体健康，五官端正，有亲切感和亲和力。

（3）语言：口齿清晰，口头表达能力好。

（4）性格：积极外向，善于与人打交道，人际沟通能力强。

（5）品格：吃苦耐劳，诚实可信，具有良好的工作态度。

（6）技能：有基本的记录和统计能力。

3.2 促销员工作职责

3.2.1 推介。

（1）运用灵活的销售技巧介绍和推荐公司产品，促成消费者购买行为产生，达成既定的销售目标；

（2）具体要求。

① 牢固掌握产品知识。

② 具有灵活的推介技巧。

③ 饱满的热情，积极的态度。

④ 必须非常明确每一档期的促销活动。

3.2.2 陈列（产品与货架）。

（1）正常陈列：根据公司陈列原则结合店内实际位置达成美观陈列面。

① 陈列位置：争取同类产品沿人流方向的第一陈列位置。

② 陈列面：产品主陈列面要面向消费者。

③ 陈列高度：消费者容易看到，取到产品的黄金高度（80～150cm）。

④ 陈列方式：纵向陈列和横向陈列。

⑤ 陈列量：货架上的陈列数量要充足，以丰满的货架吸引消费者。

（2）特殊陈列：按照周期促销计划布置端架和堆头等陈列。

3.2.3 助销。

（1）货架补货。

① 每个陈列面后台货架的产品至少加足2/3货架深度。

② 跟进库存情况，以备足货源，特别是在店内活动期间要及时补充货源。

（2）库存周转（先进先出原则）：在做维护产品陈列时注意产品外包装的生产日期，临近保质期的产品要及时处理。

（3）产品与货架清洁：每天保持货架和产品的清洁干净，如有残损品要及时与销售人员联系及时处理。

（4）促成试用或派发装派发。

（5）POSM 的正确使用、单页分发：根据公司的使用原则使用 POSM；及时张贴海报、货架插卡、跳跳卡等，随时补充破损和遗失的宣传品。

（6）店内促销活动执行：对促销内容向消费者的介绍；对货架、地堆等促销陈列的维护；对促销海报卡片等的张贴、维护；对促销产品库存的维护。

（7）建立和维护门店客情关系：与门店相关主管维护良好的客情关系；与门店其他促销人员建立良好的关系。

3.2.4 信息管理。

（1）价格预警。

① 关注门店内本公司产品价格，若出现价格过低或者过高的情况，及时反馈给推广主管及业务人员。

② 关注竞争对手的价格状况。

（2）库存预警。

① 若门店库存过低，要及时向推广主管及业务人员汇报，或者督促门店下订单，以便补充充足货源供正常销售或促销活动使用。

② 若门店库存过高，要及时反映给推广主管及业务人员，以便采取最有效的方法解决库存积压过多的情况。

（3）竞品信息反馈，即促销员在门店内要及时反馈竞争对手的以下信息：陈列；价格；促销；店内派样和各种推荐活动；新品分销。

4. 促销员薪酬制度体系

4.1 促销员薪酬构成

基本工资	销量奖金	交通、通信补助	其他
根据各区域实际情况自行设定	设定门店基础销量，高于基础销量，推广可自行安排奖金金额，建议拉开层级	适用于长门店，金额由区域自行制定	推广可自行设置提升促销员忠诚度的一些奖励措施，报备大区即可

4.2 奖励及处罚办法

4.2.1 奖励。

（1）销售精英奖：所有促销员门店销量增长率（环比、同比）排名前三的予以××元、××元、××元奖金。

（2）最佳陈列奖：每个月评比一次，由推广及业务人员对所有有促销员门店进行评比打分，前三名予以××元、××元、××元奖金。

4.2.2 处罚。

（1）违反公司制度，情节严重者予以××元罚款。

（2）赠品管控不严，造成赠品大量流失的处以赠品价值 50% 的罚款。

5. 促销员考勤考核办法

5.1 促销员考勤制度

5.1.1 作息时间：如卖场无硬性规定休息和上班时间，按照公司安排的时间作息。

5.1.2 所有促销员每天上班必须发送上班信息至督导处，每天下班必须发送下班信息及销量信息给督导。

注：每周推广及业务会不定期检核促销员在岗情况，检核结果作为当月考勤的重要依据。

5.2 考核办法

序号	考核项目	考核内容	目标要求	考核办法	考核分（月度取平均）				月汇总
					1	2	3	1	
1	销售指标	分销目标	30	发现一次不达标，扣2分					
2	货架牌面管理	付费：不弱于×× 不付费：不弱于除××外的竞品	15	发现一次不达标，扣1分					
3	门店缺货率	1. 保证卖场无缺货情况发生 2. 货架、堆头等陈列位置保持货品充足	10	发现一次不达标，扣1分					
4	堆头陈列管理	付费堆头按标准陈列	10	发现一次不达标，扣1分					
5	货龄管控	必须做到先进先出	10	发现一次不达标，扣1分					
6	广宣维护	1. 价格牌清晰，配置到位 2. 如执行促销活动必须配置活动告知	10	发现一次不达标，扣1分					
7	多点陈列	保持多点陈列货品充足	10	发现一次不达标，扣1分					
8	行政作业	1. 与各主管及同事沟通顺畅 2. 完成上级下发的报表及其他任务	5	消极怠慢工作，不主动配合，发现一次，扣1分					

6. 促销员管理体系

6.1 促销员行为规范

6.1.1 着装打扮。

（1）按公司要求着装。保持服装干净整洁。长发必须扎起，可化淡妆。

（2）促销服装在活动结束后交还公司，交还时必须干净，折叠整齐。

（3）不得留长指甲，不得涂抹颜色明显的指甲油。

（4）不得佩戴饰品（如戒指、耳环、手镯、项链）。

6.1.2 促销工作规范。

（1）按照公司规定时间上下班、用餐。不得私自更改时间，不得迟到早退和无故擅自离岗。

（2）上班到店必须给主管发短信报到。

（3）促销员应该提前20分钟到达卖场，确定卖场内是否有堆头和端架，提前10分钟换好促销服，整理好货物，备好赠品，做到补货在5分钟内完成，尽量避免顾客等待时间过长。

（4）上班期间严禁会客、依靠货架、堆头、聊天等影响公司形象的行为。

（5）上班期间不准以理货、接电话等原因不理睬顾客。

（6）上班期间不能买东西，如特殊原因需离开货物请尽量保持货位在目光能及的范围。

（7）不准与顾客争吵，或讽刺、挖苦、辱骂顾客。

（8）在向顾客推销的时候禁止接打电话。

（9）工作期间离开促销岗位吃饭、喝水、去卫生间超过10分钟必须填写离岗表。

（10）工作态度应积极主动，热情微笑迎接顾客，认真倾听，落落大方。

（11）休息或下班时间不得着工装和胸卡在工作地点长时间逗留，或做与工作无关的事情。一经查处，造成卖场罚款等，所有连带责任均由本人承担。

（12）工作期间违反公司或卖场规定，由此给公司或卖场造成的一切损失、费用由促销员本人承担。

（13）工作中因违规被消费者或店方投诉，扣罚全部薪资甚至开除。

（14）个人私吞赠品、试饮品或串通他人偷盗试饮品、赠品者，一经查处，造成商场罚款等，所有连带责任由本人承担，并扣罚全部薪资，追缴全部物品，未能追回部分按照100元/份罚款，情节严重者移交公安机关。

（15）工作期间贵重物品及活动物品需自己妥善保管，以防损伤和毁坏。造成的一切损失须由促销员本人承担。

6.2 促销员培训资料

6.2.1 促销员标准话术。

（1）欢迎光临×××！

（2）尽量与顾客用敬语交流，如您好、抱歉让您久等了，等等。

（3）最后无论是否成交，都要面带微笑礼貌地对顾客说"感谢您的光临"等。

（4）和顾客对话时要面带微笑，流利对答顾客的提问，避免影响顾客的心情。

6.2.2 销售技巧。

（1）获得顾客的好感，让顾客觉得你很专业，注意顾客的"情绪"，给顾客良好的外观印象，让你的客户有优越感（满足顾客的虚荣心）。

（2）促销技巧：迎客时要观察顾客的衣着、年龄、步伐、眼神，分析顾客的购买特点与需求；接近顾客时要找准时机，如其注视产品时、寻找同类产品时、与促销员视线相交时，等等；推荐产品时要着重介绍活动信息、价格优势及产品特点；达成交易时要学会顺水推舟，如"您看，如果没问题的话我就帮您放到推车里吧"，等等。

（3）要时刻记住所卖商品的特性，以及这些特性如何转化成优势，这些优势会带来什么样的利益。

6.2.3 销售的禁忌用语。

（1）你自己看吧。

（2）你要的这种没有。

（3）我不知道／不清楚。

（4）不可能出现这样的问题。

（5）这肯定不是我的原因。

（6）别人用得挺好的。

（7）我们没发现有这个毛病啊。

（8）我只负责卖东西，其他的我不管。

（9）你先听我说啊。

（10）没看到我在忙着吗？一个个地来。

（11）这些都差不多，没什么好选的。

（12）你怎么讲话啊。

（13）你相不相信我。

（14）这么简单你还不懂。

| 拟定 | | 审核 | | 审批 | |

第三节　促销管理表格

一、促销工作计划表

促销工作计划表

产品名称	×月×日预计销售	×月×日实际销售	本月营业额	促销方式	针对客户	方法说明	督导人员

二、促销活动申请表

促销活动申请表

申请人		总经理意见	
市场背景分析及举办事由			
促销商场、促销人员名单及数量			
费用	工资		
	奖金		
	补助		
预计收获			

总经理：　　　　　渠道经理：　　　　　复核：　　　　　填表人：

三、促销活动计划表

促销活动计划表

企业名称： 　　　　　　　　　　　　　　　　　　　制表日期：＿＿＿年＿＿月＿＿日

促销编号	针对产品	促销方式	促销时间		促销主管	配合事项	预计营业额	预期效果	备注
			起	止					

四、促销申请表

促销申请表

申请人：

区域		月份	
预计费用		占本季费用百分比	
本季预算总额		已使用费用	
促销点数目/有资格的促销点总数		促销地级市/地级市总数	
促销形式（ABCD）			
促销目的：			

营销副总： 　　　　市场部： 　　　　销售部： 　　　　省办事处：

五、促销安排表

促销安排表

区域月申请人：

促销点	所在地	店主	促销类型	促销时间

营销副总： 　　　　市场部： 　　　　销售部： 　　　　省办事处：

六、区域____月份促销物品申请表

区域____月份促销物品申请表

制表日期：_____年____月____日

品名	单位	单价	订购数	金额（元）	备注
合计金额					

市场部：　　　　　　　　　　省级经理：　　　　　　　　　　区域经理：

七、区域____月份C类促销品发放反馈表

区域____月份C类促销品发放反馈表

制表日期：_____年____月____日

品名	单位	单价	原申请数	实发数	金额	备注
合计金额						

市场部：　　　　　　　　　　省级经理：　　　　　　　　　　区域经理：

八、促销总结表

促销总结表

1. 促销主题及广告主题 印象度： 喜好度： 关联度：
2. 促销时间及地点
3. 海报文案 述说清楚： 简洁易懂： 文字张力： 新奇度：

续表

4. 促销用品及用途 不受欢迎的项目： 喜欢的项目： 价格： 比例和级差设计合理程度：
5. 氛围布置要求 醒目： 形象：
6. 促销品兑奖方法 出错： 不方便：
7. 物品控制出现的问题及改进建议
8. 监控方式出现的问题及改进建议
9. 效果及效率 每元效率： 促销点销量／总费用＝ 覆盖面： 促销城市／城市总数＝ 促销点数／资格网点总数＝ 消费者满意度： 经销商满意度： 广告效果：
10. 其他

九、促销成本分析表

促销成本分析表

促销方式	
方式说明	
投放期间	
估计总费用	
成本收益分析	
评价	

十、促销活动总结表

促销活动总结表

活动主题			活动内容				
活动日期			活动地点				
活动成果（包括对销售业绩、品牌提升、客户、中间商、竞争对手等的影响）							
对促销活动的分析	活动主题	对活动主题的评价	□非常好	□较好	□一般	□不理想	□极差
		原因分析					
		改进意见					
	活动形式	对活动形式的评价	□非常好	□较好	□一般	□不理想	□极差
		原因分析					
		改进意见					
	活动时机	对活动时机的评价	□非常好	□较好	□一般	□不理想	□极差
		原因分析					
		改进意见					
	活动地点	对活动地点的评价	□非常好	□较好	□一般	□不理想	□极差
		原因分析					
		改进意见					
	人员表现	对人员表现的评价	□非常好	□较好	□一般	□不理想	□极差
		原因分析					
		改进意见					
	准备工作	对准备工作的评价	□非常好	□较好	□一般	□不理想	□极差
		原因分析					
		改进意见					
	执行过程	对执行过程的评价	□非常好	□较好	□一般	□不理想	□极差
		原因分析					
		改进意见					
活动效果的总体评价			□非常好	□较好	□一般	□不理想	□极差
附：促销活动总结报告							

第六章

销售合同签约管理

第一节　销售合同签约管理要领

一、销售合同的主要内容

合同的基本内容由当事人双方约定，一般包括以下主要内容：

（1）当事人，即经济合同双方的名称或者姓名和住所。

（2）标的，指合同双方当事人的权利义务所指向的对象，主要指产品或商品、服务等。

（3）数量，指标的的数量。

（4）质量和包装质量，指双方在合同中约定的标的质量及要达到的标准。

（5）价金，指取得标的的一方向给付标的的一方所应支付的代价（如价款、费用、酬金、租金等）。

（6）合同履行期限，指合同的履行期限和合同的有效期限。

（7）违约责任，指双方在合同中明确约定的违约方应承担的具体责任。

（8）履行的地点和方式，主要包括以下3点：

① 交货方式：指双方约定的交接标的形式（如送货还是自提等）。

② 运输形式：指双方约定的用何种运输工具、采用何种方式运输（空运、铁路、公路等）。

③ 交货地点：指双方约定的交接标的具体地点（尽量写详细，最好写上电话等联系方式）。

（9）解决争议的办法，指双方约定的在合同履行过程中若发生争议和纠纷，自行协商不成时采取的解决纠纷的形式（是到仲裁机构仲裁还是去法院诉讼），选择其一，写于合同条款中。

（10）保密责任，合同涉及商业秘密，双方都应对此保密。泄露的一方要承担由此引发的一切损失。

二、销售合同签约管理步骤

一般来说，企业在对销售合同签约进行管理时，应按照以下步骤实施：

1. 协商合同内容

一般企业都有现成的合同文本。当客户表达购买意向之后，销售业务员要和客户商讨签订合同。商讨的内容主要是一些细节问题，具体有以下 4 个方面：

（1）与标的有关的内容。

主要包括客户购买产品或服务的型号、类别、数量、单价、质量标准、送货方式、到货日期等。

（2）付款方式。

① 销售业务员在与客户的接触阶段就要做好客户的信用评估工作，然后根据客户的实际信用状况，酌情选择付款方式。如信用好、实力强的大企业可以允许后付款；信用一般的客户应该采取预付款或分期付款的方式。

② 在订立合同时，销售员一定要从本公司的利益出发，坚持原则，最好要求客户预付款，以免发生拖欠款情况及造成不必要的麻烦。

（3）合同的有效期限。

（4）双方的违约责任承担。

2. 填写合同

（1）销售业务员自己要清楚本企业合同条款的各项具体内容，做到每一条款都能向客户解释清楚。

（2）在签订合同时，销售业务员要提醒客户仔细阅读合同的每一条款。如有问题及早提出，并协商解决。

（3）合同填写完后，双方各保留一份。销售业务员还要再仔细阅读一遍重要条款，以免发生错误。

3. 签订合同

在签订合同时，最好是双方当面签订，以免一方采用欺骗的手段签订假合同。签合同时，双方都需要签字并且盖章。

4. 管理合同

与客户签完合同后，也应备份存档，结合本企业的合同管理制度，对其进行科学的管理。具体实施方法如下：

（1）对合同进行统一编号。

销售业务员应从自己签订的第一份合同开始就对合同进行编号，以便于查阅。

（2）对合同进行分类存档。

将合同编号后，再按照一定的标准将合同分类保存。如按照付款方式不同、成交量不同、客户区域不同等进行分类保管。

（3）结合对客户的建档管理进行。

即将客户的所有资料，包括合同都放在一起保存，便于分析客户，制定进一步的销售策略。

第二节　销售签约管理制度

一、销售合同评审管理办法

标准文件		销售合同评审管理办法	文件编号	
版次	A/0		页次	

1. 目的

为了进一步贯彻公司精细化管理的精神，规范营销业务流程，加强合同评审的管理，明确合同评审的操作程序，便于合同计划管理的科学性与合理性，依据《合同评审控制程序》（以下简称"程序文件"）《市场营销业务管理办法》制定本办法。

2. 适用范围

公司所有的销售合同（又称订单）在正式签订前都必须进行评审。对于没有评审的销售合同，一律不予录入电脑系统，计划部门不得安排生产计划，仓储保管部门不得备货或发货。

3. 权责部门

市场营销部归口管理销售合同评审工作，即负责所销售产品的合同评审和管理。

4. 管理规定

4.1 销售合同种类

4.1.1 销售合同可分为一般合同、特殊合同和重大合同三类。

（1）一般合同。

合同中以下各项条款公司均能满足客户要求且客户提供资料齐全的为一般合同。

① 产品包括产品名称、牌号、型号（规格）、等级均为公司现有标准。

② 技术（质量）要求和涉及模具制造等不超出公司现有质量保证体系。

③ 包装标准和包装方式为公司正在执行的标准。

④ 交货期按季度或月安排，数量在交货期内提供，均为公司正常交货期。

⑤ 产品价格按公司产品价格表执行，结算方式为现款结算或已签订的年度协议执行。

⑥ 交货方式、地点和收货地点、单位名称以及货物保险均按公司现有的制度或年度协议执行。

（2）特殊合同。

一般合同中有一项或几项非关键条款不能满足客户要求或超出公司常规标准但又构不成重大合同的合同为特殊合同。

（3）重大合同。

一般合同中有一项或几项关键条款不能满足客户要求的合同为重大合同。具体情形如下：

① 产品价格要求低于公司每月或每周确定的底线价格。

② 交货期要求特紧且订单量达到一定数量。

③ 技术标准和质量要求按公司现有生产水平无法达到，需要攻关的订单产品。

④ 货款结算期限在 30 天以上，但客户资信状况较好，合作以来无呆死账款的产生。

⑤ 公司主管营销副总或营销部长提出并确认为重大合同的合同。

4.1.2 重大合同主要针对公司授牌的经销商或往年销售额在 100 万元以上的直接使用客户或该笔订单金额达到 10 万元以上的客户签订。

4.1.3 公司与所有客户签订的《年度经销协议》都属于重大合同。

4.2 销售合同形式

4.2.1 销售合同有书面合同（包括合同书、协议、信件、数据电文等）、口头合同和其他合同三种形式。原则上都应签订书面合同。特殊情况下，一般合同也可采用口头合同、其他形式的合同方式，但必须有相关可供核查的书面原始记录（可以是书面的也可是存储在其他任何媒体上的）以及经办业务员签名资料备查。特殊合同、重大合同必须是书面合同。

4.2.2 书面合同书原则上使用我公司印制的《工业品买卖合同》《年度经销协议》标准文本或国家工商管理局印制的《工业品买卖合同》等。

4.3 合同评审

4.3.1 销售合同评审方式有审批、会签、会议三种，每次评审可以是一种或几种方式结合进行，视合同种类和实际需要而定。

4.3.2 正常情况下，一般合同由业务员评审。业务员在接到客户要约时，确定在公司当时生产能力范围内的可以直接下单，由业务员在合同上签字确认（业务员驻外或出差由销售内勤与业务员联系后确认合同，由销售内勤在合同上签字确认。下同），然后交合同计划管理员审核汇总下达计划。

4.3.3 正常情况指的是：该合同客户为公司现有客户或与公司整体营销渠道的开发不相矛盾的客户；该合同的货款风险为零；该合同的其他事项均无特殊要求。

4.3.4 非常情况下的一般合同比照特殊合同评审。

4.3.5 特殊合同、重大合同必须进行书面合同评审。由业务员或销售内勤填写书面"合同评审表"，提出评审内容及客户要求连同合同书交业务部经理或专业产品销售部评审，报公司主管营销副总审批；重大合同由专业产品销售部经理或营销部长签署意见后报公司主管营销副总评审。

4.3.6 只涉及价格、货款、折让问题且都在规定的权限范围内的特殊合同、重大合同，由业务部经理、专业产品销售部经理、营销部部长、公司主管营销副总按照公司当年的《销售价格操作方案》的精神和规定权限予以评审。

4.3.7 对于涉及其他问题的特殊合同、重大合同，必须报经相关单位和部室评审（会签或会议评审）。

（1）关于超权限价格的评审必须由财务资产部或公司价格委员会参与评审，根据客户情况和公司生产成本给出最优惠的价格；对于低于公司生产成本的合同价格必须由财务总监给予审核。

（2）关于技术质量的评审必须由技术质量和生产部门的工艺技术主管领导参与评审；对于重大的技术或质量要求，必须有生产技术总经理的审核。

（3）关于产品交货期和产能保障的评审必须由生产单位或生产部主管领导参与评审；对于交货期要求很紧的合同订单，由生产部门报送生产技术总经理审核。

（4）关于产品包装和发运的评审必须由生产单位和物流部主管领导参与评审。

4.4 后续管理

4.4.1 评审后的合同履行过程中需要变更的，相关业务员必须按照程序文件的规定执行。

（1）客户要求变更合同时，业务员在确认该合同尚未执行或经生产保障部或技术开发部负责人同意，将变更内容附在原合同正本后，交主管领导评审后，填写合同变更通知单通知计划员，方可变更合同。计划员负责及时将合同变更通知单通知生产保障部和生产单位；业务员负责以电传、电话形式答复客户并做好详细记录。

（2）公司要求变更合同时，业务员负责以电传、电话形式通知客户，征得客户同意后，填写合同变更通知单通知计划员，方可变更合同。

4.4.2 合同评审资料应按照公司档案资料管理标准和保密的有关规定妥善予以保管。合同评审资料主要包括合同书、协议、非标产品图纸、合同评审表、合同变更通知单等。

4.4.3 合同评审资料实行分级管理：一般合同评审资料由销售内勤整理保管；

特殊合同、重大合同评审资料由计划管理员整理保管，《年度经销协议》评审资料由营销部长整理保管。

4.4.4 加工公司负责自销产品的合同评审和资料的日常管理，年底交市场营销部门统一存档。资料保存期与合同保存期一致。

拟定		审核		审批	

二、销售合同评审管理程序

标准文件		销售合同评审管理程序	文件编号	
版次	A/0		页次	

1. 目的

实现销售合同评审过程的程序化管理，保证签订的合同或协议既满足顾客和法律法规的要求，也能充分反映公司的保证能力，避免合同签订后因某些要求不满足所带来的责任和风险。

2. 适用范围

适应投标至销售合同（协议）签订前，对合同（协议）的审查和评审活动。对集团及分、子公司《合同标准文本》《销售合同规范》的审查和评审。

3. 权责

3.1 集团销售合同评审组（以下简称"合同评审组"）：合同评审组组长以及成员由集团任命，对不同合同（或协议）的评审，参加评审的人员由评审组组长确定，必要时可请相关人员参加评审。

3.2 审批见下表：

项目	制订或修改	审核	评审	批准	备注
《合同标准文本》《销售合同规范》	分、子公司和经营单位责任人	分、子公司和经营单位总经理	合同评审组	合同评审组组长	如认为有必要，可提请总裁审批
常规合同或协议（包括主设备非常规合同或协议）	分、子公司和经营单位责任人	分、子公司和经营单位责任人	分、子公司和经营单位责任人	分、子公司或经营单位主管	如认为有必要，可提请分管副总裁审批
非常规合同或协议（主设备除外）	分、子公司和经营单位责任人	分、子公司和经营单位总经理	合同评审组	合同评审组组长	如认为有必要，可提请总裁审批

3.3 合同评审组组长：审批合同评审组的合同评审意见。

3.4 总裁：
3.4.1 任命合同评审组组长。
3.4.2 授权分管理副总裁签署正式合同文件及批准签约代表。
3.5 销售合同（或协议）评审分类：
3.5.1 会签评审：金额≤500万元或金额>500万元合同评审组组长确定不召开会议评审。
3.5.2 会议评审：金额>500万元，合同评审组组长确定召开会议评审。

4. 定义

4.1 集团销售合同评审组：针对销售合同评审而成立的非常设组织，各参与评审部门除指定一名固定评审人员外，还需指定一名候补评审人员。

4.2 销售合同规范：对公司产品（服务）在投标签约过程中一定时期内所能满足的商务、技术条件做出详细规定的文件，是销售合同形成过程中投标、应答、谈判、评审的依据。

4.3 标准合同文本：依据合同法及相关的法律法规和公司的有关规定而编制的规范化格式合同文本，除顾客另有要求需另行协商外，销售合同均应采用该格式文本。

4.4 常规合同：符合《销售合同规范》规定的商务、技术条件的合同。

4.5 非常规合同：超出《销售合同规范》规定范围的合同。

5. 作业内容

5.1 销售合同评审流程如下图所示：

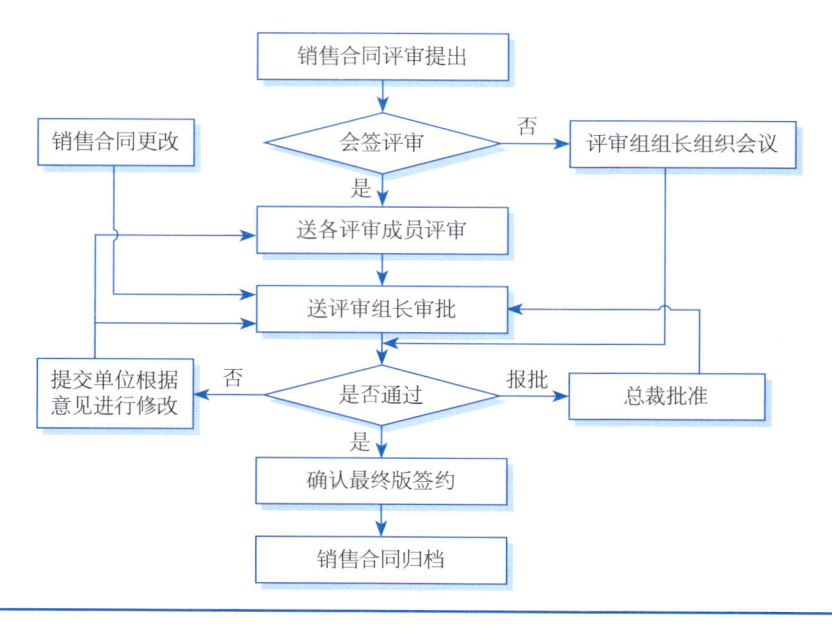

5.2 分、子公司及各经营单位：

5.2.1 应建立与业务相适应的销售合同评审工作流程。

5.2.2 将《合同标准文本》《销售合同规范》和非常规条件（主设备除外）销售合同（或协议）提交合同评审组评审。

5.2.3 按批准的《销售合同规范》和《合同标准文本》编写销售合同或协议文本。

5.2.4 对《常规条件》中的保密性条款（或更改保密性条款），各部门应制订措施予以保护。

5.2.5 指定经办人负责《销售合同评审单》的传递。

5.2.6 核对合同评审意见的处理结果。

5.3 评审内容：

5.3.1 顾客的需求是否满足，合同条款是否满足商业交易的条件（内容）。

5.3.2 与顾客之间的疑异点是否解决，避免和减少影响合同履行的不确定条款。避免因合同条款的不完备而引发的纠纷。

5.3.3 经过努力是否有履行合同的能力。

5.3.4 公司利益是否依法得到了最大程度的维护，财务及法律风险是否得到了最大程度的规避。

5.4 评审流程：

5.4.1 合同评审组应组织对各经营单位的《合同标准文本》《销售合同规范》进行评审，组长审批。组长如认为有必要，可提请总裁批准。

5.4.2 各经营单位、分、子公司的常规合同（协议），由本部门组织相关人员进行评审，部门主管或项目负责人批准。部门主管或项目负责人如认为有必要，可提请分管副总裁批准。

5.4.3 各经营单位、分、子公司的非常规合同（协议），必须提交给集团合同评审组进行评审。

（1）评审单位经办人填写销售合同评审单并备齐评审资料，如果是 500 万元（含 500 万元）以上的销售合同（或协议），经办人应将评审资料交合同评审组组长，由合同评审组组长确定会签评审或会议评审。

（2）会签评审：由评审单位经办人将销售合同评审单和评审资料提交给财务中心、法律事务部进行评审，通过后交合同评审组组长审核批准，合同评审组组长认为有必要可提交总裁批准。

（3）会议评审：由评审组组长召集评审组成员和相关人员进行会议评审，通过后合同评审组组长将评审结果送总裁批准。

5.4.4 对于评审过程中提出的意见，提交评审单位应与顾客和相关方进行商谈，其结果应与意见提出者和合同评审组组长沟通确认后方可执行。

5.4.5 评审组成员在销售合同评审单上签署评审意见，合同评审组组长应对评审意见进行审核提出处理意见，如认为必要时可报总裁审批。

5.4.6 对会签评审的，如果在规定的时间内，若有规定的评审人不能参与评审，经办人也可通过电话与评审人沟通，并在销售合同评审单记录评审人意见，之后再请评审人补签。

5.4.7 销售合同正式签字生效后，经办人应核查合同文本及附件是否与审定的评审意见及最终合同文本一致，并在销售合同签订审批表上签署核查意见，连同合同正式文本一并提交分管副总裁或事业部总经理或分、子公司总经理审批并授权签字代表。在合同签署要求紧急的情况下，可以由负责该市场的销售人员电话或邮件请示分管副总裁或事业部总经理或分、子公司总经理同意后代表公司签署审定后的最终合同文本，返回公司后补齐授权手续。

5.4.8 在正式合同文本全部签字生效后提交单位可按本单位的工作流程保障合同的执行。

5.5 销售合同（或协议）的修改变更。

销售合同（或协议）正式签订后，如需修改变更合同文本及其附件，客户经理需与顾客签订修改变更协议，协议的变更情况报合同评审组组长，由评审组组长决定是否需要组织评审，若不需组织评审则由评审组组长批准即可签署，否则按 5.4.4 执行。

5.6 销售合同（或协议）相关文件的管理。

各分、子公司应建立销售合同的管理规定，建立档案制度，及时归档妥善地保存好合同正式文本、附件及评审文件，合同正式文本及附件应在各自的财务管理部门备案。集团直属经营单位在收到正式合同文本后，在 2 个工作日内将合同文本及合同附件连同评审文件整理齐备，指定专人管理，每两个月向总裁办档案室移交一次，总裁办按《档案管理作业指导书》的规定归档。

5.7《合同标准文本》《销售合同规范》制订或修改按《文件与资料管理程序》的规定执行。

5.8 合同的编号规则由各经营部门自行规定。

| 拟定 | | 审核 | | 审批 | |

三、销售合同签约管理细则

标准文件		销售合同签约管理细则	文件编号
版次	A/0		页次

1. 目的

为严格规范股份公司合同签订的全过程，加强相应管理及执行力度，保障股份公司的经济利益，减少呆、死账的发生，特制定本管理规定。

2. 定义

2.1 销售合同：指卖方同意销售，买方同意购买一批货物、一项工程或一个系统集成项目的书面记载。

2.2 合同拟签订人：持有有效法人委托书并在有效范围内进行合同前期工作，但尚未签订正式销售合同的销售人员。

2.3 合同签订人：持有法人委托书并在有效范围及时间内签订了合同的市场销售人员。

2.4 代表处合同联系人：是指在代表处协助实体签订合同时，代表处负责联系该合同业务的人员。

2.5 到期应收款：是指进入合同付款期，应收回的货款部分。

2.6 迟收货款：是指超过合同付款期，而未收回的货款部分。

如：某合同规定从1月1日起五天内对方应付合同款1万元，则此货款在1月1～5日统计为到期应收款，在1月6日（含）以后如未收回，则统计为迟收货款。

3. 适用单位

数据网络事业部、宽带接入产品事业部、市场总部。

4. 管理规定

4.1 法人委托书的管理

4.1.1 市场总部商务部是法人委托书主管部门。负责法人委托书的申请的接收、初审、报批、制作、发放、回收、归档。

4.1.2 申请程序。

办理法人委托书应由事业部根据工作需要向商务部提出书面申请，填写"法人委托书申请书"，并明确以下内容：

（1）申请人姓名及自然情况。

（2）申请人与公司的劳动合同期限。

（3）表明申请人正在从事销售工作。

（4）明确申请人签订合同的权限（产品/最高金额）及申请期限。

（5）事业部负责人签字确认。

（6）申请人一寸免冠近照一张。

4.1.2 审批程序。

（1）商务部对"法人委托书申请书"进行初审，合格者由商务部制作法人委托书，并报市场总部副总、主管市场副总裁审核，总裁批准。

（2）签发后的法人委托书由总裁办公室盖骑缝钢印，经营财务部盖法人名章后，由商务部发放。

4.1.3 发放程序。

制作完成的法人委托书由商务部登记，发放给申请部门的相关管理人员。发放时要填写"法人委托书发放记录"。

4.1.4 法人委托书的保管。

（1）事业部应设专人（即法人委托书管理员）对法人委托书进行管理，负责本部门法人委托书的申请、领取、发放、回收等管理工作并留有记录。

（2）法人委托书由持有者妥善保管，不得遗失或转借。

4.1.5 法人委托书的回收。

（1）发生下列情况之一时，法人委托书管理员应在即日起5个工作日内将法人委托书收回，并交市场总部商务部：

① 超出法人委托书规定的授权期限的。

② 法人委托书持有人因工作变动，不再从事法人委托书授权范围内的工作。

（2）商务部办理回收手续后交档案室归档保存。

4.2 销售合同专用章的管理

4.2.1 销售合同专用章由公司总裁办公室统一刻制并发放。

4.2.2 事业部申请销售合同专用章时应具备：该事业部至少有一名持有有效法人委托书的销售人员。

4.2.3 销售合同专用章由事业部向总裁办公室提出书面申请。

4.2.4 审批。

（1）总裁办公室销售合同专用章管理人员核实申请书内容准确无误后报主管市场副总裁审核，总裁批准。

（2）总裁签发后由总裁办公室负责登记、发放。

4.2.5 发放：总裁办公室将销售合同专用章发放给事业部合同管理员，并做书面记录。

4.2.6 保管：事业部设专人（通常为合同管理员）对销售合同专用章进行管理，负责本事业部销售合同专用章的申请、领取、登记、保管、使用、上交等管理工作。

4.2.7 使用。

（1）销售合同专用章只能在签订销售合同时使用。

（2）合同管理员在收到合同评审记录、资信调查结果后方可向签订合同人员提供合同专用章，并把合同专用章使用情况记录在案。

（3）销售合同专用章不得转借或遗失。

（4）总裁办公室应不定期对各单位合同专用章使用情况进行监督检查。

4.2.8 回收。

（1）事业部变更名称、机构调整、撤销时，合同管理员应在变更名称、机构调整或撤销后5个工作日内将合同专用章及使用审批记录交总裁办公室。

（2）合同专用章使用审批记录由总裁办公室交档案室归档保存。

4.3 销售合同文本的管理

4.3.1 标准销售合同文本的提出和使用。

（1）标准销售合同文本的提出。

① 市场总部负责标准合同文本的制作，并负责组织对标准合同文本的评审。

② 市场总部根据需要制作标准合同文本。

③ 需用部门可以向市场总部提出制作标准合同文本的需求或本部门制作标准合同文本草稿交市场总部审核后，组织评审。

④ 对标准合同文本的评审应由市场总部组织总裁办公室法律事务专员、经营财务部、技术管理部及相关单位负责人参加。总裁办公室公会讨论通过后即为标准销售合同文本。

（2）标准销售合同文本自发布之日起使用。销售人员在进行营销工作的过程中应优先使用股份公司的标准销售合同文本。

4.3.2 非标准销售合同文本的提出和使用。

（1）非标准销售合同文本使用条件：当标准销售合同文本不能满足销售的实际需要时，事业部应根据实际需要拟制销售合同文本。

（2）非标准销售合同文本必须具备的内容：合同号、买方和卖方的名称、地址，货物名称、数量、质量，货款金额、付款时间/期限、付款方式，交货时间、地点，争议解决。建议写明货物验收标准、售后服务、合同生效时间、运输费承担等。

（3）非标准销售合同文本必须由法律事务专员出具法律意见书方可使用。

4.4 对合同对方进行资信调查的管理

4.4.1 对方属初次合作，或合作的间断时间超过6个月的，合同签订前应进行资信调查，并将调查结果填入"资信调查表"。

4.4.2 资信调查由合同签约人组织实施，作为合同评审的一项参考条件。

4.4.3 资信调查分常规项目和非常规项目。对于合同金额在 50 万元（含）以上的需方单位为初次合作的（其中不包括中国电信、移动、联通、网通、铁通、中国邮政等系统运营商和煤炭、电力、石油、军队、医院及集团内部）必须填写资信调查表的非常规项目。

4.4.4 在充分了解顾客要求、与对方达成初步合作意向后，拟制合作草稿，在正式合同签订之前，销售人员应保留在合同谈判过程中的会谈纪要、书面承诺、信函、传真、合作意向书等材料。

4.5 销售合同号的管理

各部门签订的合同要统一编号，规定如下。

合同编号由八位组成，aa##bbcc，其中：

  aa 代表年份，如 01、02；

  ## 代表签订合同单位汉语拼音缩写；

  bb 代表签订人编号（各单位自定）；

  cc 代表签订人当年签订合同顺序号 01～99。

各部门汉语拼音缩写规定如下：

  数据网络事业部缩写为：SJ；

  宽带产品事业部缩写为：KD。

4.6 合同评审

4.6.1 合同评审的内容。

（1）顾客的各项要求是否合理、明确并形成文件。

（2）合同是否符合有关法律法规的要求。

（3）公司现有的生产和技术能力能否满足合同、标书的技术和质量特性的要求。

（4）产品交付的时间、地点、方式、联系人等是否明确。

（5）公司有无履行合同（或订单）中产品要求的能力（包括供货周期、安装调试、开通验收、售后服务、付款条件等）。

4.6.2 合同评审的时机：合同评审应在合同正式签订及修改之前进行。

4.6.3 合同评审的实施。

（1）合同签订部门组织相关部门及人员对合同进行评审。

（2）合同签订人员将合同草案、资信调查资料报本部门合同管理员，合同管理员根据合同内容组织采购、生产、技术、质量等方面的人员进行评审。参加评审人员根据合同内容适当增减。必要时邀请公司内部相关职能部门、人员参加。

①对合同金额在 100 万元以上或没有采用标准合同文本签订的合同，应由总裁办公室法律事务专员出具法律意见书。

②如用户订购的产品本单位仅能完成一部分，另一部分可由公司内部其他实体或公司外部单位完成，则公司的技术管理部和相关实体应参加评审并出具意见。

③对合同金额在 100 万元以上的合同，市场总部、财务部应参加评审并出具意见。

（3）合同评审可采用会议、会签方式。

（4）合同评审应填写"合同评审记录表"，并由参加评审人员签字，并报批。

4.6.4 合同评审的审批。

（1）合同批准的权限。

①合同金额在 200 万元以内（含）的由实体总经理或副总经理审批。

②合同金额在 200 万元以上的由主管副总裁审批。

（2）合同审批人根据经营的目标、参考合同评审记录、法律意见书、合同草稿等，做出"批准""不批准""继续修改"的决定。

如"批准"，则与顾客正式签订合同并执行合同。

如"不批准"，则该项目终止。

如"继续修改"，则与顾客继续协商，经修改后，再进行评审、审批。

4.6.5 对投标书的评审应在递交标书前进行，评审办法参考合同评审程序执行。

合同签订人权限：

合同签订人	合同最高金额（万元）		
总裁	100000 以上		
副总裁	100000（含）		
各事业部	宽带产品事业部		数据网络事业部	
	总/副总经理	1000（含）	总/副总经理、市场总监	7000（含）
	部门经理	500（含）	网络集成经理	3000（含）
	区域经理	300（含）	销售经理	500（含）

注：
（1）任何合同签订都应进行书面评审。
（2）合同评审可以会签或会议形式进行。
（3）合同签约人是合同评审的组织者，如合同签约人公差在外，该部门合同管理员负责组织该合同的评审工作。
（4）合同评审参与单位：
①事业部内部：生产/供货部门、售后服务部门、事业部负责人、合同评审组织者、合同管理员；
②其他部门（视情况参与评审）：经营财务部、市场总部商务部、总裁办公室法律事务专员。
（5）评审记录及结果应由合同管理员填写并由参与评审人签字确认，评审结果应明确（可/否），如合同草案未通过评审可以修改后再次评审。
（6）评审结果的审批：评审结果应由有权审批人审批后生效。
（7）有权审批人的权限：
①事业部内低于总经理/副总经理合同签订权限的评审结果可由事业部总经理/副总经理审批；
②总经理/副总经理合同签订权限以上（含）的评审结果由其上级领导审批（总裁合同签订权限的评审结果由总办公室公会审批）。

4.7 合同的签订

4.7.1 合同签约人应具备：

（1）合同拟签约人持有的法人委托书或授权书。

（2）合同内容在法人委托书、授权书的范围、时间内。

4.7.2 合同的签订。

（1）如签约人具备其应具备的（1）（2）条件，经合同评审通过，合同签约人方可在合同上签字并加盖销售合同专用章。

（2）合同书优先采用市场总部提供的标准合同文本，填写时要字迹清晰、语言准确，按合同书内容逐项填写（不许有空项）。出现画改时，应在画改处双方签字或盖章确认。

（3）合同中对设备的质量要求、技术标准，要对应设备型号标出国家或行业或企业标准号。

（4）对各种系统产品的销售应把系统配置的内容、接口参数等作为合同附件，与合同正本有同等效力。

（5）合同中应明确需方对出厂设备的验收方式和验收标准。

（6）产品的保修期限应参照国家相关规定及公司相关管理办法。

（7）销售人员对所签订合同的货款回收负责。

（8）如顾客为增值税纳税人，要写明纳税人登记号。

（9）合同正本一式两份，供方、需方各一份。

4.8 合同的生效

合同经双方签字盖章后依合同约定生效。如合同无明确约定的，自双方签字盖章之日起生效；如双方签字盖章的日期不同时，合同于最后签字盖章完成之日起生效。

4.9 合同的执行

合同签订单位对合同执行的全过程进行管理和控制。

4.10 货款回收工作的管理

4.10.1 货款回收的责任及管理。

（1）市场总部是货款回收工作的主管部门。

（2）事业部是货款回收工作的直接责任单位。

（3）合同签订人及合同签订批准人对其签订（或批准）的合同的货款的回收工作负主要责任。

（4）代表处对其协助由实体签订的合同，如该合同经相应实体核实确为代表处协助签订并经确认该合同额度计入代表处订单，且股份公司实体、事业部保质、保量、按时履行的合同，货款未按时回收，则该合同货款回收由合同签订人与代表处合同联系人共同负责，并同时受本办法的考核与处罚。

（5）股份公司内实体、事业部的合同管理员每月25日前向市场总部商务部上报合同登记表，同时向经营财务部上报。

（6）货款应按时回收，不许拖延，实际收到时间以股份公司财务入账时间为准。

（7）例外条款：由于我方原因致使合同不能按约定正常履行的，实体、事业部应采取各种措施使合同继续正常履行或终止该合同，未收回部分不计入迟收货款。我方原因包括但不限于：我方未及时发货或者发出货物的质量、数量有问题等，导致对方未及时付款。

4.10.2 迟收货款的统计和报告。

对未及时收回货款的合同签订人和合同签订批准人，上报主管领导和相关单位。

（1）股份公司内实体、事业部每月25日前向市场总部商务部上报货款回收统计表。

（2）市场总部按月制作货款回收统计表，该表对每份合同的迟收金额、迟收发生日、欠款人（单位）、合同号和产品名称、签约部门、签约人、当月迟收总额、当月新增迟收金额等事项做出统计和记录。

（3）《迟收货款情况》主送主管副总裁，抄送相关实体、总裁办公室法律事务专员。市场总部依据档案相关管理规定将此文件归档备查。

（4）应付款人（单位）出现以下异常情况，合同签约部门应立即通知市场总部和总裁办公室法律事务专员：

① 付款人（单位）明确表示拒绝付款；

② 应付款人（单位）发生严重财务危机，可能导致支付困难；

③ 应付款人（单位）停业、破产、法人代表失踪；

④ 应付款人（单位）发生可能导致大额支付的诉讼、仲裁；

⑤ 其他可能导致货款不能收回或不能按时收回的重大异常情况。

（5）单笔货款超过付款时间5日未收回，签约部门应在5个工作日内书面通知市场总部和总裁办公室法律事务专员，并将与该笔货款有关的合同、买方接收和检验货物的证明、买方付款的证明（复印件）以及其他与该合同有关的全部资料归入专档（合同签订人负责专档的建立、收集证据及相关工作）。

4.10.3 迟收货款催收。

（1）一般迟收，指单笔迟收货款金额在30万元以下，且迟收期限在两个月以内的，由合同相关责任人负责催收。

（2）重大迟收，指单笔迟收货款金额在30万元以上100万元以下，或迟收期限在两个月以上四个月以内的，由合同相关责任人负责。

（3）特别重大迟收，指单笔迟收货款金额在 100 万元以上，或者迟收期限在四个月以上的，由合同相关责任人共同负责。

（4）如一笔迟收货款同时符合上述两种迟收标准划分，则视其为情节严重者。

如：一笔金额为 115 万元的货款，迟收时间为 80 天，既符合重大迟收标准又符合特别重大迟收标准，则视此笔迟收货款为特别重大迟收。

（5）迟收货款催收流程：

① 合同签订人在自货款逾期之日起 5 个工作日内应向对方以传真、EMS 或挂号信发出催收函。催收函应由合同签订人留底。

② 催收函设定的答复期限应与合同的约定一致。签订合同时，催收函答复时间建议定为 5 个工作日。

③ 答复中要求延期还款的，应要求其出具欠款确认函。

④ 出具欠款确认函后，应签订延期还款协议，延期还款协议应自出具欠款确认函之日起 5 个工作日内签订。

⑤ 下列情况，应及时与总裁办公室法律事务专员沟通，采取适当的方式解决：

明确对欠款提出异议的；

不在期限内答复催收函的；

提出延期还款请求，但拒绝出具欠款确认函的；

出具确认函，但未按期签订延期还款协议的；

签订延期还款协议后，不能按照约定提供担保的；

签订延期还款协议后，再次逾期金额超过逾期金额的 50% 的；

签订延期还款协议后，再次逾期金额超过 5 万元，而且再次逾期时间超过 6 个月。

（6）下列迟收货款应移交总裁办公室法律事务专员以法律手段进行催收：

① 欠款人（单位）出现上述异常情况的。

② 根据我方掌握的情况，总裁办公室法律事务专员认为不迅速采取法律行动，可能导致收回欠款难度加大或不能收回的。

③ 迟收期限已超过 6 个月。

④ 其他必须通过法律手段催收的情况。

（7）法律事务专员参与催收，应由法律事务专员或者合同签订部门向公司主管市场工作副总裁提出建议，建议获得批准的，合同签订部门应在收到批准 2 个工作日内将与合同有关的全部资料原件移交法律事务专员。

（8）案件由法律事务专员参与后，合同签订部门仍是该合同货款回收工作的责任单位。

4.11 合同变更／终止

4.11.1 合同变更／终止的条件。

（1）客户主体资格发生变更／终止。

① 客户单位名称的变更／终止。

② 客户组织机构和场所的变更。

③ 客户经营范围的变更。

（2）合同一方或双方对合同存在重大误解。

（3）情况变更使合同履行显失公平。

（4）不可抗力导致合同不能按约定履行／终止。

不可抗力是指不能预见、不能避免并不能克服的客观情况，包括但不限于水灾、旱灾、地震、台风等自然原因及战争或其他军事行动等。

（5）合同双方协议同意变更合同。

① 因客户原因进行的变更／终止：

客户在合理情形下要求延后／终止合同履约（包括交货、验收、付款、开通时间）。

其他导致客户要求变更／终止合同的原因。

② 因我方原因进行合同变更／终止：

因我方原因交货期延后／终止；

我方不能及时开具或送达完整的发票导致合同变更／终止；

我方原因导致验收期延后／终止。

（6）其他法律规定的合同变更／终止的情形。

4.11.2 变更／终止合同的审批程序。

变更／终止合同的审批程序及审批权限参照合同签订的审批程序进行。如出现以下情形中任意一种，则该合同变更／终止的审批人应为原合同审批人的上级主管领导（如原合同审批人为总裁则应由总裁办公室公会讨论决定，如原合同审批人为总裁办公室公会则应由总裁办公室公会再次讨论决定）。

（1）放弃原合同中我方应享有的权利。

（2）增加或加重原合同中我方应履行的义务。

（3）变更司法管辖地或法律适用。

4.11.3 合同变更／终止的通知过程。

合同单位应在变更／终止合同的审批程序确定合同变更／终止之日起 2 个工作日内将合同变更／终止通知送达本单位相关部门及市场总部商务部。

4.12 对合同责任人的考核

4.12.1 合同的签约人在签订、履行合同的过程中应尽职尽责，确保货款按期收回。

4.12.2 合同签订人、合同管理员、档案保管员及合同签订批准人有以下行为，由事业部决定交人力资源部给予当事人扣减绩效奖金直至降职处理（薪随职变）。股份公司保留要求其赔偿损失的权利。

（1）法人委托书不得遗失，如有遗失事业部应及时报商务部，并写出书面检讨，公司对当事人进行通报批评。

（2）销售合同专用章不得转借，如有违反，该事业部应做出书面检讨，公司给予通报批评并视造成的影响和损失扣发合同管理员、事业部负责人及相关当事人当期绩效奖金的 10% ～ 50% 作为惩罚。事业部如将销售合同专用章遗失，应自遗失之日起在两个工作日内报总裁办公室，该事业部应做出书面检讨，并办理遗失声明事宜，公司给予通报批评并视造成的影响和损失扣发合同管理员、事业部负责人及相关当事人当期绩效奖金的 20% ～ 100%，直至降职处理。

（3）未按规定制作、收集、移交、保存合同书（合同变更书）、货物交接和检验证明、付款证明以及其他资料，造成货款迟收或不能收回的，视造成的影响或损失扣发责任人当期绩效奖金的 5% ～ 50%，直至降职处理。

（4）未按规定及时、准确地统计和通报迟收货款，造成货款迟收或不能收回的，视造成的影响或损失扣发责任人当期绩效奖金的 5% ～ 50%，直至降职处理。

（5）未按规定及时通报本规定列举的异常情况，造成货款迟收或不能收回的，视造成的影响或损失扣发责任人当期绩效奖金的 5% ～ 50%，直至降职处理。

（6）不按规定积极催收，造成货款迟收或不能收回的合同负责人（合同签订人、代表处合同联系人）应采取的处罚措施：

① 一般迟收。市场总部及合同单位共同责令合同负责人一个月内回收迟收货款，并扣发责任人当期绩效奖金的 5% ～ 15%。

② 重大迟收。市场总部及合同单位共同责令合同负责人一个月内回收迟收货款，并扣发责任人当期绩效奖金的 15% ～ 40%，直至降职处理。

③ 特别重大迟收。市场总部及合同单位共同责令合同负责人一个月内回收迟收货款，并视造成的损失扣发责任人当期绩效奖金的 30% ～ 100%，直至降职处理。

（7）对合同签订批准人的考核：

① 对该事业部的迟收货款情况负责，每月根据市场总部提出的《迟收货款情况》对合同签订人进行考核。

② 如合同单位或合同签订人调动或机构进行调整，由合同签订批准人或其指定专人对合同的货款回收工作负责。

（8）不按规定积极催收，造成货款迟收或不能收回的代表处，按照《公司驻外代表处考核办法》中的经营指标完成成绩进行考核。

4.13 对已签署合同文本及相关文件记录的制作和保存

4.13.1 在签订和履行销售合同的各个环节，相关责任人必须按照要求制作和保存以下文件：

（1）合同中必须写明买方和卖方的名称，货物名称、数量、质量、货款金额、付款时间、付款方式，交货时间、地点。建议写明：货物验收标准、售后服务、合同生效时间、运输费承担、争议解决等。可以采用合同书、协议书、定货单等形式。必须有买方盖章或法人代表签字。

（2）买方接收货物的证明，指买方收到货物时出具的表明其已收到货物的证明。证明应写明：货物名称、数量、接收日期、地点、接收人、交货人。必须有买方盖章或者其指定的接收人签字。

（3）买方检验货物结果的证明，指合同定有检验条款时，买方按照合同对货物进行检验后出具的证明检验结果的文件。必须有买方盖章或者其指定的检验人签字。

（4）买方付款的证明，指能够证明买方付款的文件，如增值税发票存根、银行到账通知等。

4.13.2 上述（1）（2）（3）项所列文件由合同签订人负责制作、收集。上述第（4）项所列文件，由公司财务部负责制作、收集。

4.13.3 各部门应由专人负责档案保管，合同签订人应自合同签订之日起3个工作日内将该合同原件及相关文件归档，合同签订人及合同管理员处可保留复印件，上报合同时也应将合同复印件同时上报。

4.13.4 各部门档案保管员应督促合同签订人将上述（1）（2）（3）项资料原件交其统一保管。按照公司档案管理规定，由档案室保管的材料，各部门档案保管员应联系移交档案室保管。

4.14. 合同纠纷的处理

4.14.1 合同双方协商解决并可依实际情况进行合同变更。

4.14.2 协商不成时可依合同约定的纠纷解决方式进行诉讼或仲裁。

| 拟定 | | 审核 | | 审批 | |

第三节　销售签约管理表格

一、法人委托书申请书

法人委托书申请书

申请被授权人：
姓名：　　　　　　性别：　　　　　　年龄：
工作部门：　　　　　职务：

申请被授权人在_____（工作部门）从事销售工作，其与××公司的劳动合同期限从_____年____月____日始至_____年____月____日止。现申请代表××公司进行（授权范围）_____万元人民币以内的市场推广和销售合同的商谈、会议纪要、意向书及合同草稿和相关书面文件的签署，对××公司形成法律约束力的文件，必须盖销售合同专用章确认。

被授权人义务：
1. 被授权人以××公司名义所进行的一切活动必须在以上授权范围内进行。
2. 被授权人不得将法人委托书擅自涂改、转借、滥用或丢失。
3. 被授权人必须遵守并执行公司内部相关管理规程。
4. 被授权人如违反协议中相关内容，公司可对其进行通报批评、扣发工资、扣发绩效奖金、降职、直至解除劳动合同等惩罚，同时保留对公司遭受损失要求赔偿责任的权利。

被授权人签字：　　　　　　　　　　部门负责人：

二、法人委托书发放记录

法人委托书发放记录

证号	单位	姓名	有效期	发放时间	变更时间	领证人	备注

发文部门：　　　　　　　　拟制：　　　　　　　　批准：
　　　　　　　　　　　　　日期：　　　　　　　　日期：

三、销售合同专用章申请书

销售合同专用章申请书

总裁办公室：
　　（申请单位）现有持有有效法人委托书的销售人员____名，现因销售工作需要申请销售合同专用章____枚。
　　请协助办理！

　　　　　　　　　　　　　　　　　　　　　　　　　（申请单位）
　　　　　　　　　　　　　　　　　　　　　　　　　（负责人签名）
　　　　　　　　　　　　　　　　　　　　　　　　_____年___月___日

四、销售合同专用章发放记录

销售合同专用章发放记录

序号	印章样本	领用部门	领章人	经办人	发放日期	回收日期	备注

五、需方资信调查表

需方资信调查表

顺序号：

★需方单位名称（全称）：		
★需方单位地址：		
营业执照号码		开户银行	
经济性质		★账号	
注册资金		★法定代表人或负责人	

续表

需方单位概况及项目资金来源：	
是否初次合作：	
历次合作回款情况（我方或第三方是否有违约情况发生）：	
是否有可靠资信：	
★联系人姓名		★联系人电话	
★填表单位	
★填表人姓名		★填表日期	

注：1. 本表一式二份，由合同签订人员填写。一份报合同评审组作为合同评审依据，一份交市场总部；2. 有★标记的为常规项目；3. 需方营业执照复印件附后。

六、合同评审记录表

合同评审记录表

编号： 　　　　　　　　　　　　顺序号：
□初次评审 □修订

合同编号		需方单位	
评审方式		评审日期	
评审负责人		评审单位	
产品技术部门意见： 评审人：　　　日期：	生产部门意见： 评审人：　　　日期：
采购部门意见： 评审人：　　　日期：	销售部门意见： 评审人：　　　日期：
法律事务专员意见： 法律事务专员：　　　日期：	财务经营部意见： 评审人：　　　日期：
市场总部意见： 评审人：　　　日期：	其他相关部门意见： 评审人：　　　日期：
备注	

续表

评审结论
评审人：　　　　日期：

注：本表一式两份，由合同签订部门负责填写。一份报市场总部，一份由合同签订部门随合同归档。

七、合同（协议）审核会签表

合同（协议）审核会签表

合同编号：_____

主要内容摘要	标的（名称）		
对方签约单位	名称		主管单位
			企业性质
	地址		联系人
承办单位（部门）意见		承办单位负责人：	
财务部门审核		审阅人：	
物资部门审核		审阅人：	
生产部门审核		审阅人：	
技质部门审核		审阅人：	
分管领导意见		审阅人：	
公司经理意见		审阅人：	
总厂市场部意见		审阅人：	
总厂法务部意见		审阅人：	
总厂领导意见		审阅人：	

日期：____年___月___日

备注：（1）表中"内容摘要"是指合同内的产品名称、型号、数量、总价、交货期及支付方式。
（2）合同由合同管理员送签。
（3）合同会签时多部门负责人根据其职能签署合同审核意见，只署名不签署审核意见，将视为对该合同审核通过、同意。
（4）该表经总厂领导签字后方可盖合同章，并随合同归档。

八、特殊合同评审表

特殊合同评审表

编号：

顾客单位名称				联系人		
订货合同编号						
订货产品情况：						
序号	订货产品型号、名称、规格	单位	数量	定价	要求交货日期	备注
合同的特殊要求： 经办：_____年___月___日						
合同的评审： 市场部经理：_____年___月___日						
评审部门	评审项目	评审意见		评审部门签字		备注
技术部□	非定型产品的可行性					
采购中心□ 生产部□	交货期					
财务中心□	价格及结算方式					
注：1.市场部根据实际情况决定评审部门，并在相应的□中打√，不打√则不需评审。　　2.评审意见栏不够可另附页。						
评审审批： 总经理：_____年___月___日						

九、合同登记表

合同登记表

编号：　　　　　　　　　　　　　　　　　　　　　顺序号：

序号	合同编号	需方单位	主要产品名称、型号	金额（万元）	签订日期	货款回收记录	备注

单位名称：　　　　　填表人：　　　　　主管：　　　　　填表日期：

注：本表由签订合同的部门负责填写，一式两份，每月25日前报市场总部。

十、合同变更申请单

合同变更申请单

单位_____

编号：　　　　　　　　　　　　　　　　　　顺序号：

| 合同号_____　　订货单位_____ |
| 合同变更内容： |
| |
| 相关事项（在相关项后的括号内打"√"）：
1. 提出更改单位：用户（　　）　　本实体（　　）
2. 变更依据：传真（　　）　　用户手稿（　　）　　协议（　　）
　　　　　　电报（　　）　　电话记录（　　）　　补充合同（　　）
　　　　　　其他
3. 通知本实体的：技术部门（　　）　采购部门（　　）　计划部门（　　）
　　　　　　　　生产部门（　　）　库管部门（　　）　交付部门（　　）
　　　　　　　　其他：
4. 通知相关部门： |

拟制		申请日期	
审核		批准	
备注			

注：1. 本表一式两份，由签订合同部门负责填写，报送市场总部一份。
　　2. 合同签订单位负责向档案室归档。

十一、合同变更通知单

合同变更通知单

单位_____

编号：　　　　　　　　　　　　　　　　　　顺序号：

| 合同号_____　　订货单位_____ |
| 合同变更内容： |
| |

通知部门			
签字			
日期			

注：1. 本表一式多份，由合同签订部门负责填写，并报送相关部门和市场总部。
　　2. 合同签订单位负责向档案室归档。

第七章

销售合同与订单执行

第一节　销售合同与订单跟踪管理要领

一、销售合同与订单跟踪的管理步骤

一般来说，企业在对订单跟踪情况进行管理时，应按照以下步骤实施。

1. 接单

在客户签署贸易合作协议后，客户会向企业发来产品采购订单。在此过程中，销售跟单员接单知道采购要求后，一是要确认订单的真实性，二是要将外部订单的信息翻译成可供内部人员审查的内部订单。

2. 确认订单

确认订单也就是审核订单，销售业务员拿到订单后，需要将订单交与相关部门，并就品质要求、技术评估、交期评估、物料评估等四个方面进行审核。如果可以达到客户的要求，则立即确认。如果无法达到，则销售业务员必须与客户进行协商，调整客户要求。

3. 跟单

跟单也就是对内部生产情况进行跟踪，并及时向客户汇报生产进度情况。如果无法达到预定交期，则需要向客户说明原因。

4. 出货

预定的出货日期到了，销售业务员还必须联络成品仓库出货，如果需要送货的，必须联络好运输公司。如果是外贸订单，销售业务员还要派人报关。客户收到商品后，销售业务员要随时联络客户，并询问到货情况、满意度。

二、销售合同与销售订单的变更管理步骤

一般来说，企业在对销售订单的变更进行管理时，应按照以下步骤实施：

1. 客户提出订单变更需求

订单变更主要是由客户提出。客户通知企业，某个订单现在要修改，如要求增加订购数量等。

2. 销售业务员判断是否可以更改

销售业务员收到客户的变更需求后，就要根据实际情况，对是否要变更做出判断。一般来说，销售业务员可以根据生产进度来判断是否允许客户进行修改。

3. 相关人员审核

业务员确认销售订单可以变更后，还要拿着销售订单变更单去找相关人员进行审核。

4. 发布变更通知

如果相关部门确认生产订单可以变更，销售业务员一方面要通知客户，另一方面要通知各级生产部门，取消物料采购、生产安排等。

第二节 销售合同与订单跟踪管理制度

一、销售合同执行跟踪管理规定

标准文件		销售合同执行跟踪管理规定	文件编号	
版次	A/0		页次	

1. 目的

通过对销售合同（包括产品订单、要货传真件等要约性文件）执行过程的跟踪，提高合同履行质量，提高公司合同履行信誉，减少公司资金风险。

2. 适用范围

对所有有效的销售合同（包括产品订单、要货传真件等要约性文件）的执行过程的管理。

3. 职责

3.1 业务办负责所有销售合同跟踪的组织协调，监督销售合同执行的效果。

3.2 各办事处负责其所管辖区域销售合同具体的跟踪执行，并为公司及时提供合同执行的相关信息。

3.3 相关领导对销售合同执行偏差做出处理决定。

4. 工作流程与标准

4.1 见工作流程图

工作流程

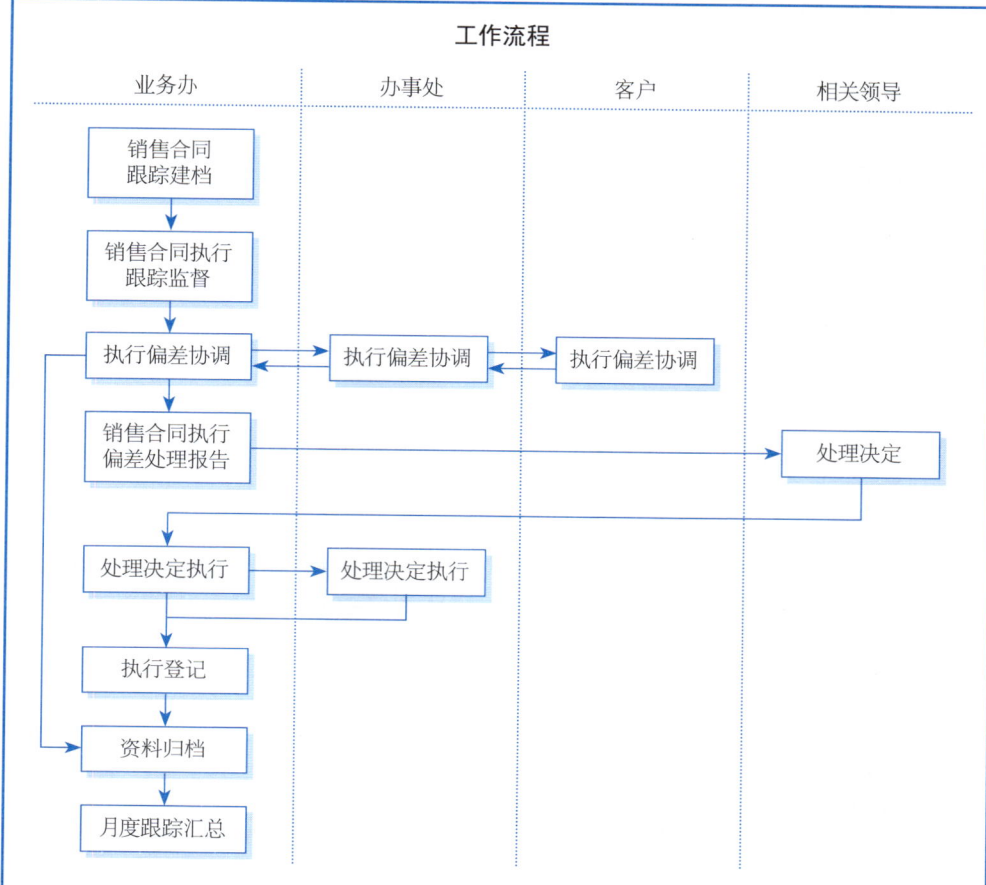

业务办	办事处	客户	相关领导
销售合同跟踪建档 → 销售合同执行跟踪监督 → 执行偏差协调 → 销售合同执行偏差处理报告 → 处理决定执行 → 执行登记 → 资料归档 → 月度跟踪汇总	执行偏差协调 → 处理决定执行	执行偏差协调	处理决定

4.2 工作标准：

工作标准

序号	流程	工作标准	期量标准
1	销售合同跟踪建档	及时建立销售合同跟踪文档，内容见"销售合同跟踪记录表"	销售合同签订后一天内
2	执行偏差协调	①业务办在销售合同执行过程中对"销售合同跟踪记录表"上的每一项内容进行记录，并检查每一项业务执行是否与合同约定一致，如不一致必须及时与相关部门进行协调。其中与客户相关部分通过办事处与客户协调，并把协调过程和结果传递给业务办进行记录，包括问题原因、问题的处理建议、如何处理、信息传达形式（文字或是口头的），由谁经办等。如协调未果，则报告相关领导处理 ②办事处在销售合同执行过程中，发现合同执行与合同约定不一致时，应分别与客户和业务办进行协调，并把协调结果传递给业务办进行记录 ③重要内容必须通过《销售合同执行协调书》进行协调	业务发生的当天

续表

序号	流程	工作标准	期量标准
3	执行偏差报告	销售合同执行出现严重偏差或主要内容出现偏差，协调不成的由业务办提出《销售合同偏差处理报告》以及《风险发货申请报告》（如需发货时）交主管业务副总经理（如业务副总经理出差，则可提交其他领导）决定	业务发生的当天
4	执行决定	业务办、办事处及相关部门依据领导的处理决定意见执行	1～2天
5	执行登记	业务办在执行决定完毕后的5天内把执行决定过程和结果填写到《销售合同偏差处理报告》中	1～2天
6	资料归档	每一份销售合同执行完毕后，其有关记录均与销售合同文本一起归档保存	当天
7	月度跟踪汇总	业务办每月把销售合同跟踪情况进行汇总，填写"销售合同执行月度记录表"，并报相关部门及领导审阅备用	每月的10日前

拟定		审核		审批	

二、订单运营管理制度

标准文件		订单运营管理制度	文件编号	
版次	A/0		页次	

1. 目的

规范订单各环节流转快速、高效、顺畅，维护公司资产的安全完整，保证销售部门业务需求、提升客户满意度；使各个工作岗位职责透明化、规范化，各部门、各环节做到有据可依，进而提升工作质量和服务满意度。

2. 适用范围

本公司所有销售订单的跟踪与运营。

3. 管理规定

3.1 相关岗位职责界定

3.1.1 各业务系统岗位职责：

（1）负责货物发运信息准确传递，协助处理客户投诉。

（2）客户订单制作、货款跟催、客户货款确认。

（3）客户客情关系的维护。

（4）客户各项费用的及时、准确核销。

（5）负责客户与公司内部相关系统、部门信息的对接和传递工作。

（6）负责对客户的管理工作。

145

（7）负责客户信息变更更新及统计工作。

3.1.2 行销管理部岗位职责：

（1）负责客户物流运输质量、产品质量的投诉受理、追溯并跟进处理结果。

（2）负责业务系统的订单明细审核，即方案、搭赠、单品执行价格以及订单特殊要求的审核等。

（3）业绩达成跟进、销售中心月度单品出货占比分析。

（4）负责客户、各业务系统业务人员的服务、监督、检查、管理工作。

（5）负责对各业务系统、客户的信息传达工作。

（6）负责各业务系统发起的客户信息（含变更）审核工作。

3.1.3 物流岗位职责：

（1）负责进行车辆调度、订单及时发货、在途跟踪。

（2）负责货物运输，在途信息公布（每个工作日公布），及时对客户进行货物发运相关信息及异常情况的通报并跟进。

（3）负责按订单特殊要求进行发货、货物装卸、车辆离厂前及货物在途运输中的安全、防护工作检查。

（4）订单运输质量的客户投诉处理、赔付工作。

（5）负责每日未提货、发运、在途、到货、破损及异常信息公布工作。

（6）负责对承运商的监督、检查、管理、考核、评估及定期优化工作。

（7）负责对各业务系统、生产和客户的服务工作。

3.1.4 生产营运中心岗位职责：

（1）负责业务系统所有订单的开具、款项登记与认款。

（2）负责业务系统所有订单的及时生产、发货计划安排和执行、协调工作。

（3）负责订单营运过程中各环节的监督、检查、考核工作。

（4）负责监督物流对各业务系统订单相关咨询信息回复的及时性。

（5）负责客户物流服务满意度抽查并报告。

（6）负责对承运商的监督、检查及考核工作。

3.1.5 财务中心岗位职责：

（1）负责客户货款查询、上账、客户往来账查询。

（2）负责对业务系统业务人员发起的订单及时审核。

（3）负责对业务系统每日订单审核情况进行通报并跟进。

（4）负责客户报销账务的审核、核销工作。

（5）负责对各业务系统费用、预算、促销活动的监督、审核工作。

（6）负责对各业务系统有关订单信息的咨询和服务工作。

（7）负责客户信息变更修改及系统信息修改工作。

3.2 业务系统日常订单制作要求

3.2.1 日常订单制作、审核时间要求。

（1）订单开具时限：订单分紧急订单、日常订单，并分类规定开单时间。订单在每天 16：30 前到达的，制单专员在当天 24：00 前全部完成开单，16：30 以后的订单在次日 24：00 以前完成开单，16：30 以后特殊情况的急单可由行销主管（业务人员、部门内勤）和制单专员协商在当天予以开单。日常订单开具完毕后，需分 1~2 次交财务会计，物流每日 17：30 前到财务处拿审核通过的订单；月底集中订单则要求在次日上午 12：00 之前必须完成开具，每日 2~3 次将订单交财务会计审核，物流分 1~2 次到财务处拿审核通过的订单，拿单时间为上午 10：30 前、下午 17：30 前。

（2）订单起运量：除 ×× 直营部客户、×× 市区配送商的订单起运量是 ×× 件以外，其他线下事业部和实业公司的订单必须满足（标准箱）×× 件的起运量，各区域行销主管要严格审核订单信息；不满起运量发货须销售总监批准，否则制单员有权回退该订单流程并知会相关区域人员。

（3）客户订单信息相关要求：制单人员要严格按系统客户档案的名称、地址、联系人等制单，以避免客户名称不一致造成错发货或无法制单。提醒区域及早下单，以免延误发货，要求客户（仅限大客户，以行销管理部提供的名单为准）将开启订单 OA 签批或微信确认环节，同时行销主管向经销商法人 OA 签批或微信确认订单均有效（发送订单，同时编辑文字内容：尊敬的 × 总，您好！我是 ×× 公司的 ×××。现收到贵司订单明细如下：金额 ××× 元，要求送货至 ×× 地址。请您确认。谢谢！），将微信截图和关联 OA 附件于订单审核的流程内，方可进行后续流程。

（4）客户信息变更要求：任何人员未经公司批准和客户书面确认不得随意更改客户在公司建立档案的名称、送货地址、收货人等信息，必须确保与该客户建档时名称一致。客户约定的送货地址只允许一个保存在公司的财务系统里，如增加或改变收货地址或原收货经办人离职须由客户从变更之日起书面提出申请，报行销主管（部门内勤）、销售中心总监、行销管理部经理、经营中心总经理审核同意后，财务中心将在次日进行备案并更改或增加系统档案；同时要求每个经销商在系统中至少保留一个有效手机号码以便于物流的出货信息能及时发送到客户手中；如需增加客户下属分销商的送货地址，必须走相关备案情况说明，经公司审核签批后财务人员在系统中新增地址，制单员根据系统资料信息开单。

3.2.2 订单审核管理。

（1）订单审核时限：当天 15：30 之前将已开出的订单送至财务部审核，财务部必须在当日下班之前将审核无误的订单交给运作部。月末订单量大时，制单专员须将订单分批次交给财务部会计，确保会计及时完成订单的审核并在当天传到运作部，如订单量较大，制单、审核时间可适当延长。月末的订单在当日24：00前的必须当天审核完毕，24：00后的订单在次日24：00前审核完毕。每天至少保证两次审核订单时间。

（2）异常情况开单要求：若因系统升级、维护等情况无法正常开具订单时，财务系统应提前以正式通知形式告知各业务系统及相关协同部门关于系统使用状况及恢复时限，并想办法采取积极有效的措施（如开具手工订单）等告知相关协同部门按正常流程发货。

（3）回款：经销商回款必须打到公司指定的对公账号，为避免出现回款无人认款，同时为达到认款的及时性和准确性，要求经销商在打款或传汇款单时备注清楚客户名称，各区域行销人员核实确认。

回款确认：每月月初到23号，财务部会计于每天下午15：30进行现金查款，每月23～26号，每天9：30、16：30、17：00进行三次现金查款并开具收据认款，其余常规时间段，每天15：30进行一次现金查款并开具收据认款。财务每天将对公款发至认款群中供业务系统认款，各会计根据款项情况过单（提供明细为经销商名称、订单金额、到账时间）；行销主管负责完成所管辖各业务系统订单款项认款工作，由财务部指定会计在当日进行账务处理。若认款款项不清楚，则由财务部会计、部门内勤、行销主管直接对接、确认款项；26日前的回款，财务审核订单时间务必在26日；如款项认错需要调整，则谁认错款项由谁发起调整申请。款项超过三天无人认款将追溯相关人员责任，给以书面警告以上处罚，由财务中心营销室负责人执行。

（4）未审核通过的订单处理机制：财务部认款上账过程中，行销主管、各业务系统人员要积极主动认款，因各业务系统不主动认款造成订单无法审核通过的，订单营运专员应与对应业务系统人员对接，并反映订单真实情况，5天内各业务系统完成订单的有效通过，如5天内未将订单有效通过，影响出货的，则由各业务系统对应责任人承担全责。

（5）审单环节各系统相关岗位责任分配：

① 行销主管：每日24：00前的订单当天全部完成审核(包含有问题的订单)，行销主管要与客户电话进行确认审核其订单真实性、附加条件及产品发货特殊要求说明、有无打款、包干客户搭赠是否备注包干随货政策、非包干搭赠是否关联协同公司签批的有效方案，方可到计划物供部制单人员处。制单专员不得开出行销主管签批"不同意"意见订单。制单人员按订单要求在当日24：00之前完成订单的制作并将汇总的订单表发给各工厂计划人员，所有订单凡是有广促品的要与订单一同开单并同时安排发货。针对截至每月月末23日回司的订单流程，从订

单流程发起时间 24 小时内务必到制单员处进行开单（超过 24 小时后到制单员处的流程算作下月业绩），不得以周末时间或是其他原因影响正常订单流程的处理，各区域行销主管严格执行，如影响订单的出货及时性与业绩核算，由此产生的影响由相关人员承担，并对各行销主管进行处罚。

② 制单专员：严格按照用友系统中的档案开单，对于信息与备案不相符的制单专员有权拒绝制作订单，但需与行销主管沟通确认（如 QQ、短信、OA 等方式）将信息同时反馈给行销主管和订单发起人。凡是在订单备注栏备注新的收货地址且未在公司备案的均视为无效地址不予受理，并给予回退及注明原因，将签批内容原因知会区域人员。

③ 财务会计：当日接收到的订单需在 24：00 前审核完毕，审核内容为订单搭赠要求是否符合客户合同、包干协议或签批方案，确保搭赠数量正确无误。审核订单款项是否已到公司账，可否发货。并在下班前将当天审核完的订单全部交给物流公司配送部运作员。财务会计根据当日确认货款，在每日下班前完成当天所开具的订单审核，并将订单无款原因在各业务系统群和财务认款 QQ 群、各销售中心微信群中进行公布。对连续差款或未审核通过的订单、行销人员持续 2 天不过问且不予明确回复回款时间，财务人员要持续跟进情况、主动沟通，并有权对订单发起人、行销给予书面警告及以上处罚。

④ 各业务系统部门负责人／小组长／驻区主管：每日需对销售中心管理汇报群中通报的无款订单进行确认，在对应业务系统微信群、QQ 群中对无款订单预计回款时间统计确认并回复。

⑤ 订单款项的认领及要求：凡客户打款为对公账打款的，财务一律凭对公款款到过单，不能凭打款单过单；若超出一周到账未认款，由财务对应会计对未认款项的明细发起至销售中心总监及业务人员，由销售中心总监与业务人员共同追踪回款。

⑥ 特殊订单审核与处理机制：经行销主管审核过订单的备注栏内容不详或不合理，制单人员及时将信息传达给相应行销主管，待行销主管与各业务系统确定好后方可制单，否则暂不开单。所制作的订单必须符合各业务系统回传订单的规格、单品、数量要求，如因产品取消、老包材消耗完毕、产品阶段性暂时无货等特殊原因需要进行订单调整必须与行销主管或各业务系统相关人员征得同意后方能执行。

⑦ 样赠品订单的制作：同正常发货单同时开具，样赠品申请人按公司按最新授权制度签字确认后方可到制单人员处制单，如因申请人未按公司最新授权制作样赠品申请单，由样品申请人承担全部责任，开单后由申请人并附相关手续到财务一部审核、下费用预算。

⑧区域发起的订单，因业务人员杠单造成订单不能发货而产生的呆货、库存、占用资金，应对相应责任人进行处罚，并承担相关库存资金占用金额费用。业务人员在订单开单后，在不知会任何相关人员的情况下，私自删除订单流程，将对订单发起责任人进行警告及以上处罚。

⑨订单特殊要求：区域发起订单流程，为达到能快速、高效为目的的开单、出货，一个流程多个订单，区域必须在订单标题上注明各客户名称，避免订单漏开。订单要求发当月日期货，区域必须经公司总经理同意，行销管理部审核后订单流程再到制单员处开单，否则制单员有权回退订单，制单员必须件见总经理签批意见开单。对特殊订单（打码），行销主管在处理订单流程时审核并注明打码要求，制单员按流程要求开单。

3.2.3 新开客户订单制作与管理。

（1）新开客户必须按《客户管理制度》，向公司申报并经公司签批同意后交由财务一部建立档案，建立档案后方可进行订单制作。

（2）对新开客户订单需求，区域人员必须在新客户资料在我司用友系统里建档完善后方可发起订单流程，否则制单员有权对未建档订单流程进行回退并知会到相关区域人员。为确保新客户能在最短时间内出货，新开客户可以在建档前发起备货需求知会计划人员，但最终出货以实际订单流程开单为准，新开客户的建档，区域行销主管需在一个工作日内跟进资料建档完毕。

（3）新客户的打款要求：新开客户第一次发货财务必须在货款到公司账上后方可审核发货。对于新开客户若因款项未到账而无法审核通过的订单，财务必须于第二日密切关注款是否到账。若已到账则当日下班前必须审核通过，并对于该客户同时发起的粉丝和调料订单，财务人员务必同时审核并同时交予配送部。

（4）新客户的发货要求：新开客户首批订单，在下单时行销主管要审核是否有备注新开客户，若未备注，则在处理订单时要注明是新开客户，生产营运中心要优先服务在接单后两天内完成出货、物流公司在接到出货通知必须一天内安排发运（遇节假日及偏远地区，物流公司 48 小时内安排发运，并第一时间告知客户延迟出货原因），物流公司跟单员及订单运营专员全程跟踪营运过程、质量，订单营运专员进行监管检查，月底集中回司的新客户订单，按优先原则执行，如因标准库存、要货计划等原因造成新客户订单不能发货，计划人员及时告知区域人员，订单营运专员第一时间给客户回电知会和解释。

3.3 订单的发货安排

3.3.1 凡有广促品的要与订单一同开单并同时安排发货，配送部运作员必须将促销品随订单产品一起发货和签收。因生产原因等货，原则上在生产当日计划人员不得安排出货计划，如因特殊原因急需出货，计划、生产、物流三方须协调沟通好生产情况、物流到车时间，避免出现长时间等货。

3.3.2 物供部要根据财务对订单的审核情况，安排出货计划到物流配送部，物流配送部应尽可能提高物流当天的出货量，满足订单按期出货。

3.3.3 物流接到出货计划后对××区域及新开经销商1天内完成提货，因车源问题不能及时提货需在第一时间内与区域沟通，并明确具体发货时间，电商分销商及其他区域两天内需完成提货，电商直供按电商要求标准时间提货，超出时间未提货需将未提货明细在各业务系统管理汇报群中通报并知会订单营运专员、对应区域人员，并明确预计可提货时间。针对电商客户，计划人员根据制单员制作的订单作计划安排，物流配送部需指定拿单人员在每个工作日17:30左右拿单，物流拿单时要与制单员的订单明细表（订单号、客户名称、数量，如订单数量有改动，制单员须知会物流配送部运作员）完成核对并签字；物流配送部运作员在安排调车时需与计划人员的计划出货表和纸质订单进行核对；因电商客户的特殊性，电商财务人员在有款情况下须第一时间在系统里审核订单，不得因其他原因影响审单时间，发现异常应及时汇报并处理，避免在计划时间内未按时出货；若发现物流对计划出货表与纸质订单未核对、财务因其他原因未及时审单导致延迟出货，对相关经办人给予警告以上处罚。

3.3.4 对特殊订单无法按期安排发运计划的由订单运营专员与客户或区域沟通，物流无法按时发运的由物流配送部运作员第一时间告知区域和对应经销商，物流承运无法按时到货、有破损的要第一时间与区域和经销商沟通，按要求进行赔付。各业务系统所有客户订单都不得收取转运费和提货费（如产生特殊费用，相关费用产生部门走书面流程备案经审核签批后执行），直接运输费用除外（如其他原因产生的搬运费、等货费、进仓费等费用，由相关费用产生部门承担）。

3.3.5 整张订单的承运方量在××方（含）以上的订单不能分车送货，并保障一车一张货物清单明细，且数量、品项与实物均相符，运费则均按总方量计算，不按照分车、分单方量单独计算，同时，承运订单如不是因生产原因分单，而是由于物流车辆限制造成分单，产生相关费用由承运物流承担。

3.3.6 物流公司严格按照在公司备案的送货地址进行货物的承运，所承运的货物必须严格按指定发货地址进行送货。

3.3.7 物流配送部运作员每天下班前将当日"运输计划表"公布在各业务系统工作汇报群、各业务系统客户沟通群中，便于业务人员、客户及时了解当天订单出货情况。

3.3.8 物流配送部运作员按计划人员安排的出货计划明细进行发运，并将安排出货计划但没有接单的订单明细，在接到计划第二天14:00前在订单运营沟通微信群中汇报，由对应行销主管（内勤）对物流未接订单进行跟进，并提出具体、合理的处理意见。对当日有计划无车发运的订单，由物流公司配送部运作员统计后在当日 17：00 前在订单运营沟通微信群中汇报，如未在规定时间内汇报，将给予书面警告处罚一次，由订单营运专员进行监督检查并实施。

3.3.9　特殊渠道产品发运要求：

（1）特殊渠道产品发运时成品仓库必须对产品标识和生产批号进行认真登记备案，并单独进行存档做好产品流向追溯。

（2）物流装车时特殊渠道客户产品订单不得与其他客户的订单混装，若特殊情况需与其他客户订单共同装车的，必须做好分隔，防止司机中途转运混装。

（3）行销管理部根据业务需求对部分临时订单实行专码管控，计划物供部制单专员需将指定代码备注在发货订单上，物流成品仓库在订单发运时需按打码要求在纸箱进行滚码，且专码订单发货不得与其他订单同装一车，原则上选择直达专线运输。

3.3.10　订单发货时间要求：

当日 14：30 前的订单在 16：30 前必须排出工单，除非特殊情况，但必须注明。新客户当日 14：30 之前收到的订单在 2 天之内完成生产计划及出货计划安排。日常接收的订单在当日 14：30 之前的，在 2～3 个工作日内完成生产计划及出货计划的安排，并优先发新经销商、重点城市、线上经销商。每月截至 23 日（含 23 日）收到的有效订单，即 26 日完成回款的有效订单算当月有效订单，当月 20～26 日回单占月度总订单的 40%（含），当月有效订单必须完成发货，20～26 日订单量超过月度总订单的 40%，则在次月 5 日完成发货，并按有效订单接单的先后顺序及急需情况安排发运。23 日（不含 23 日）后收到的有效订单，最晚在次月 5 日前出货，次月 1 日到 5 日出货的订单业绩算在次月，如有特殊情况按公司制度执行。

3.4　订单发货在途管理

3.4.1　物流公司严格按公司要求的送货地址进行货物的承运，在承运货物时不得跨区（跨大区范围），并严格按发货详细地址进行送货。违反本条要求的将给予严重警告以上处罚，且由当事人承担一切费用。

3.4.2　物流公司客户专员对发出的每单货物都要进行在途跟踪及到货确认，确保货物安全、数量准确地到达客户处。并将每天的跟踪信息更新后，在 18:00 之前以微信形式发给各销售中心业务管理群。客服专员随时保持通信畅通，以备各业务系统人员了解发运货物在途情况及到货情况。如各业务系统人员在订单营运沟通微信群或其他微信群里咨询货物发运在途信息，物流客服专员必须在 2 小时内回复，信息回复不准确的，给予口头警告处罚，未及时回复或未按要求上传货物在途跟踪信息的，给予警告以上处罚。

3.4.3 订单营运专员每日须跟踪订单营运质量并做统计，物流公司跟单专员，必须每日对发货、在途信息服务质量等情况进行全程跟踪和服务，优先关注重点及新开客户。

3.4.4 各业务系统行销主管（部门内勤）、部门负责人、部门主管必须每天查看"出货计划表""物流在途跟踪表"，了解货物发运、在途与到达情况，及时为客户提供到货资讯，特别关注重点及新开客户，同时各业务系统主管都可随时在OA（微信群、QQ群）上查询发货、在途信息。

3.4.5 物流在安排已有订单、出货计划订单过程中，因各业务系统或客户原因持续两个工作日拒绝或延后收货，直接送货的司机须在货到后3小时内告知物流客服人员，并由物流公司配送部运作员OA告知对应成品计划人员，成品计划人员审核后，单独报不收货或延后收货订单、订单发起人明细，经计划组成品计划负责人确认后，报对应销售中心总监明确限期收货的具体、合理的处理意见，并由各业务系统行销主管（部门内勤）接给予订单发起人警告以上处罚。

3.4.6 当货物到达客户处出现客户拒收情况时，物流公司客服专员须先确认不收货的原因，若因物流运输途中导致货物破损过多、堆码时货品混乱、未提前通知在下班或节假日无人收货等情况拒收的，需由物流公司出面与客户协调直到愿意收货；若因客户自身原因（如库房装不下、订单下错）等情况拒收货物，各业务系统人员需积极参与处理，全程协助跟踪了解事情进展，直到货物安全到达客户库房。订单营运专员须每月随机抽查客户反馈到货信息与物流跟踪信息是否一致及对到货异常情况的处理结果。

3.4.7 车辆离厂前，驻厂配送部运作员需检查承运人是否做好防雨、防晒、防漏、防潮等防护工作，所有装货车辆必须加盖蓬布，否则不准离厂。

3.4.8 物流服务跟踪人员在每天17∶00前必须跟进承运人在途信息，发现问题及时告知运作部、订单营运专员，对不可抗因素造成晚到，须提前与收货人沟通，取得客户理解，运作部需立即与承运人重新协调最快到货时间并通知客户。

3.4.9 新开客户首单发货，发货订单上必须备注，对此类订单发货物流要特别关注，对承运商交代清楚注意事项，做好产品破损控制，原则上新开客户首单到货不得产生破损。

3.4.10 产品收货验收。

（1）各业务系统A、B类客户货物到达后，公司业务人员根据情况安排人员前往协助客户进行收货验收。

（2）客户验收完货物后，对于破损无法再次销售的产品必须当面与承运商确认，并在签收承运单时注明（口味、规格、数量），未在承运单上注明，承运商有权拒绝赔偿。承运商不得要求客户隐瞒破损情况；外贸产品以进仓单签收为准的。

（3）对破损或受污染的产品由当区业务人员在收货当天通知行销主管、物流客服人员，由行销主管、物流客服人员进行备案赔付追溯跟进，订单营运专员对处理结果进行跟踪并在当日工作中进行汇报。

（4）凡出现晚到货的投诉，晚到一天，视情况按××元/天，对物流进行罚款追溯，因此所产生的罚款计入各业务系统当月利润。若因晚到造成客户损失、投诉，由物流全额承担，并向承运商进行追溯。

3.5 订单发货异常管理

3.5.1 订单发起人、行销主管、计划物供部计划人员、配送部不得任意杠单、改单、撤单、分单，如特殊原因需要必须由订单发起人和客户沟通后方可执行。同时分单必须进行 OA 流程确认，并注明分单原因及预计出货时间，由生产或物流造成的分单，业务系统不得承担运费。

3.5.2 杠单、改单、撤单、分单要求：业务人员在接到客户要求更改订单或是取消订单的信息后，必须在 10 分钟内直接通知工厂计划员，暂停订单生产发货安排。在一个工作日内与客户重新确定更改产品及数量，以 OA 流程发起订单改单申请，标明订单更改前后的明细。如因信息传递不及时造成客户投诉，将给予责任人员不低于记小过的处罚。为避免出现滞销产品或该客户不销售此产品，需要对制单员已经开具且财务已经审核通过后的订单进行改单，区域通过与物流沟通，如订单还未发货，可以通过正常 OA 流程签批进行改单，修改部分用颜色标出，订单修改后制单员不再打印，物流直接打印出货。

3.5.3 改单或撤单后的库存处置：工厂计划员接到改单或撤单信息后要对该订单产品的库存进行清点，确认有无各业务系统性或特殊要求的产品，若因此造成产品滞销，须上报明细至销售中心总监。销售中心总监督促责任部门在一个月内完成消化处理，逾期未处理由销售中心总监协助其他销售中心进行存货处理，产生的费用全部计入责任部门。

3.5.4 订单生产异常：如订单因物料不足无法按期完成生产，由计划物供部计划员直接与客户沟通，进行解释说明，并向客户说明计划出货时间。

3.5.5 物流发货异常：对订单无法按期完成车辆调度，由物流运作部运作员反馈至订单营运专员，再由物流运作员直接与业务人员和客户进行沟通。

3.5.6 批量发货异常：如生产出现异常问题，工厂须直接书面备案到业务系统负责人（行销管理部或销售中心总监），由业务系统负责人（行销管理部或销售中心总监）统一快速调整。

3.6 物流运输服务质量调查

每季度由订单营运专员针对季度物流运输服务质量进行问卷调查，调查结果将直接运用于物流相关人员考核和内部顾客满意度考核上，对于质量投诉较多的承运商，根据业务部门的意见进行承运商的更换，由此超出内部运输价格部分的费用由物流承担，外贸及电商除外。

3.7 订单运营沟通服务标准

3.7.1 业务系统：针对每一个客户，建立一对一的沟通机制，即面对面地建群，该群由行销管理部建立。要求：群名称必须备注客户的名称，群中所有成员必须以部门+姓名形式体现。

3.7.2 生产营运中心计划物供部：设置专人对订单营运过程进行监督、检查和协调。

（1）计划人员必须点对点地与各业务系统人员沟通处理订单事宜，如延单、分单、改单，不能私自调整订单。

（2）订单运营专员必须点对点地进行沟通和服务，在标准时间内回复跟进，参与客户、各业务系统的互动和沟通。

（3）订单营运专员每周、每月、每季度都要对订单营运情况进行报告并提出营运整改要求、问责，对整改进度进行跟进。周报告在次周工作日前完成，并依次呈报至计划组负责人、物供部负责人、生产营运中心总监。月订单营运报告在每月15号前完成，并依次呈报至计划组负责人、物供部负责人、生产营运中心总监、总裁秘书、总裁。季度报告在次季度的第一个月15号前完成并依次呈报至计划组负责人、物供部负责人、生产营运中心总监、总裁秘书、总裁。

3.7.3 物流。

（1）配送部运作员每日14：00将安排出货订单无单的在对应的各业务系统群内进行通报，并点对点地告知业务人员。

（2）未按时提货的通报：物流配送部运作员每日18：00统计安排发运计划，并将未按时提货的明细告知对应计划人员，并明确预计提货时间，同时还需每日统计不收货客户的明细在各业务系统群里通报，并点对点地告知和对接并协调收货时间。

（3）配送发运时间规定及提货及时率：直营、商场配送，须在接到计划次月完成直接配送（商场预约除外）；直配订单，日常提货时间接收有效出货计划及通过审核的订单次日（24小时内）提货95%以上，48小时内完成全部提货，国庆、春节24小时内提货90%以上，48小时内完成全部提货；月末订单集中发货时，轮流安排人员加班发货至23：59，直至将当日订单全部发完。

（4）物流运作员考核，以月度到货破损率3%、月度到货及时率98%（以单计算）作为考核标准。

3.7.4 财务中心。

每天接收的订单必须当天审核完成，审核异常的订单，必须点对点地与业务人员和客户沟通，并在半天之内达成最终的处理意见；每天将订单审核的异常情况明确告知对应的业务人员，并每日跟进异常没有审核过的订单。

3.8 罚则

3.8.1 如未按时完成工作，按公司相关制度予以问责。

3.8.2 违反指定地点送货要求的将给予严重警告以上处罚，且当事人承担一切费用。

3.8.3 未按要求上传货物在途跟踪信息的给予警告以上处罚。信息不准确的给予口头警告处罚，并在规定时间内完成整改。

3.8.4 物流按要求送达指定地点的货物，因各业务系统或客户原因造成不收货，额外产生的费用由相关人员自行承担，并给予订单责任人警告处罚。

3.8.5 装卸控制管理未按要求执行，将对责任人进行警告以上处罚，并追溯因此造成的破损损失，由责任人员承担。

3.8.6 未按指定要求进行产品专码打码管控，给予责任人员严重警告以上处罚。

3.8.7 到货破损，同一客户在一个季度内投诉二次以上，将对责任人处以警告以上处罚。同一客户在一个季度内出现三次，将向上追究领导管理层的责任。

3.8.8 订单制作、审核各环节责任人员审核范畴内未审核出问题而导致订单开单不及时、审核不及时或开出有问题订单进行发运的将给予警告以上处罚。

3.8.9 制单专员未在规定的时间内完成发货单开具或未按要求制作发货单给予警告以上处罚，工作不细心造成开单错误影响客户合作关系和各业务系统业务开展，给予警告以上处罚，未经沟通擅自改单，给予严重警告处罚。

3.8.10 运作部未按要求发货与到货（旺季和特殊情况外），由订单运营专员对每单进行责任追溯。

3.8.11 因各业务系统原因改单、分单、撤单导致产品产生呆货，各业务系统将负责消耗并追究相应损失。

3.8.12 凡因生产原因造成改单、杠单、分单、延迟发货未告知各业务系统或行销主管而导致客户投诉的，给予生产营运中心计划物供部相关责任人警告及以上处罚，并进行绩效考核扣分。

3.8.13 凡未按要求及时提供准确的客户资料信息的，将给予相关人员警告以上处罚。如各业务系统未及时更改客户资料信息，导致订单、物流公司延迟或送货错误，产生的费用及后果由各业务系统全权承担，并给予相关责任人严重警告以上处罚。

3.8.14 各业务系统未严审打款单或打款单弄虚作假，给予经办人严重警告及以上处罚。

3.8.15 因各业务系统原因未及时认款，影响营销财务及核价部订单审核、发货及时性的，给予行销主管、相关经办人警告及以上处罚。

3.8.16 因各业务系统原因改单、撤单、杠单超过五天未处理，给予相关经办人警告及以上处罚。

3.8.17 凡各业务系统未经客户允许私自利用客户账上余额进行排单发货，给予直接责任人记大过处罚。

3.8.18 未按该制度执行相关流程的给予相关责任人警告及以上处罚。

拟定		审核		审批	

第三节　销售合同与订单跟踪管理表格

一、销售合同跟踪记录表

销售合同跟踪记录表

客户：　　　　　　　　　　　　　　　　　填报日期：＿＿＿年＿＿月＿＿日

合同经办人							
合同主要内容约定						执行情况	
产品	型号	价格	金额（元）	交货期		交货情况	付款情况
其他主要约定及其执行情况记录（本表填不下可加附页）							
内容	内容约定			执行情况			原因和处理记录
运费及承担							
结算形式							
结算期							
其他内容							

记录人：

二、销售合同执行协调书

销售合同执行协调书

填报日期：_____年____月____日

买方		合同编号	
合同执行偏差内容综述：			
协调描述：			
协调内容：			

三、销售合同偏差处理报告

销售合同偏差处理报告

填报日期：_____年____月____日　　　　　　有关附件　有□　无□

买方		合同编号	
合同执行偏差内容综述：			
偏差执行处理建议：			
领导处理决定：			
执行决定过程及结果：			

四、风险发货申请报告

风险发货申请报告

申请单位		经办人		申请时间	
要货单位			办事处主任签字		
发货理由					
客户经营现状					
客户的财务状况，尤其是资产和负债状况					
存在风险说明					
业务办意见					
销售部门领导意见					
公司领导意见					

五、销售合同执行月度记录表

销售合同执行月度记录表

合同经办人					
合同执行情况记录					
序号	合同单位	正常执行与否	有偏差已处理结束	有偏差未处理结束	备注

如为非正常执行合同，需续填下表

合同非正常执行情况记录					
序号	合同单位	偏差事实	协调处理参与人	偏差处理有关资料	备注

六、出货计划单

出货计划单

项次	订单号码	产品名称	规格/型号	客户名称	数量	单位	预计出货日期	预计出售时间	运输方式	备注

审核：　　　　　　　　　　　　　　　　　　制表：

七、订单出货管理表

订单出货管理表

序号	交货反馈	超期天数	客户名称	订单信息						分批出货1		分批出货2		分批出货3	
				订单号码	订单日期	产品型号	品名	订单数量	未交货数量	交货期	数量	日期	数量	日期	数量	日期

第八章

销售回款管理

第一节　销售回款管理概要

回款工作在销售管理中的重要性越来越突出。对于企业而言，能否顺利回收货款，决定着企业的利益能否真正地实现，因此，在尽量短的时间内回收货款，成为现代企业销售管理的一个基本原则。

一、回款管理工作的关键环节

提高回款工作的质量，根本的问题是加强管理，主要要处理好以下几个关键的环节：

1. 回款工作目标化

目标化是回款管理工作的基础。正确地实施目标化，首先要求企业结合销货情况确定不同时期的回款目标，并把它写进每一个时期企业的销售计划中。回款工作的目标化不仅仅意味着企业回款目标的确立，最关键的是将企业总体的回款目标进行科学的分解，最终细化落实到每个销售员身上。对于企业而言，回款目标的分解应从两个层次展开：

（1）回款项目分解。

通常根据产品的正常与否进行归类，如把外欠款区分为产品正常的欠款、不正常的欠款、已被拆下库存的欠款等。根据这种划分，列出应收的重点款项和非重点款项，并在管理工作中有所区分。

（2）对于归类分解的回款项目，应结合市场划分和合同签约情况进行合理的分配，落实到每个销售人员身上。

这项工作非常重要，也是确保回款业务正常开展的前提条件。这要求销售部门在实施目标管理中，不能仅仅把回款任务下达给下属部门，还要责成各下属部门结合销货情况进行分解并逐项落实。只有这样，回款工作的目标化才具有实际的意义。

2. 回款工作激励

回款工作的激励包括奖励和惩罚两个基本的方面。这两个方面对于回款工作的顺利开展都是必要的，但应以奖励为主。为了正确贯彻激励的原则，销售部门必须根据对象的差异做出区分性安排。

（1）对销售人员的激励。

目前一些企业对销售人员的激励主要依据"预付款项"和"货款回收时限"两

个标准进行评估，但企业应该进一步反思有关回款的若干规定，以便力求使之合理化。由于销售工作面临着复杂的情况，为保持一定的灵活性，企业有必要在回款问题上做出一些特别的规定，诸如全款提前到位的奖励问题、预付款与余款的相关性问题、非销售原因而导致的欠款问题、特别客户的回款问题等，均需做出详细的说明。

（2）对部门主管的激励问题。

在多数情况下，回款工作的督促与落实主要依靠各级部门主管，因此应在奖罚措施上给予体现。当然，企业可以依据回款性质的不同或数量的差异，而确定不同的奖罚标准。例如对于老款的奖励额度要大些，而对于新款的奖励额度可以相对小些。

（3）对客户的激励。

回款工作的好坏不完全取决于企业内部的管理工作，还与客户的合作态度密切相关。为了刺激客户付款的积极性，可以在总的价位上做出让步，也可以在零配件供应、工程安装、售后服务等方面提供特别优惠。

3. 评估与指导

对回款工作的评估和指导是确保回款任务能否实现的基本环节，这实际上意味着企业要加强对回款工作的监督与控制。首先，销售部门的领导要确立销售工作的战略导向，把回款工作作为销售工作的基本环节，特别是那些列入重点回款项目的应收款，应责成有关部门加大工作力度。其次，作为基层部门的主管，也要对本部门的回款工作做出通盘考虑，要善于根据每笔外欠款的性质和特点，指导销售人员搞好回款工作。必要的话，还要求亲自奔赴回款工作第一线，配合销售人员完成艰难的催款任务。

二、创设回款实现的良好条件

搞好回款工作，除了加强回款工作的管理以外，还要善于创设回款实现的良好条件，即通过自我的努力而达到回款环境的改善，从而促进回款工作的开展。创设回款实现的良好条件，主要体现在以下几个方面：

1. 提高销货与服务质量

实践证明，企业所面临的许多回款难题，与其销货与服务水平密切相关。产品性能不稳定，质量不过关，或售后服务落后，均会导致客户的不满，从而使回款的任务难以实现。企业必须努力改变这种局面，关键是把现代营销的基本理念贯穿到销售工作的各个环节，彻底摒弃传统销售观念的影响。在具体的销售工作中，要努力向客户提供一流的产品、一流的服务，公平交易，诚实无欺，只有这样，才能赢得客户的尊重，为回款工作打下良好的基础。

2. 重视客户资信调查

市场交易往往存在风险，为了尽量降低交易的风险，要求销售人员有必要先对客户的资信状况做出评估。市场上有一类客户，虽然购货的能力很有限，却又故意装出很有钱的样子，向他供货的销售人员一不小心，便会落入买卖圈套，到最后就会面对一个"要钱没有，要命一条"的尴尬处境。对客户实施资信评估，一方面能自觉回避一些信用不佳的客户，另一方面也便于为一些客户设定一个"信用限度"，从而确保货款的安全回收。

3. 加强回款技能培训

回款是一项技术性很强的工作，即便是一些经验丰富的销售人员，也难免会在回款工作中表现出某种程度的怯弱。为了推动回款工作的开展，企业要加强对销售人员的回款技能培训。首先是回款信心的培养。要让每一个销售人员明白，回款是正当的商业行为，没有必要在催款时心存歉意。其次，要培养各种催款技巧，诸如用情催款、以利催款、意志催款、关系催款等。当然，在选择各种催款方式时，要善于结合时间、地点和环境条件，并做出灵活的安排。

4. 回款工作制度化

为了确保回款工作的正常开展，企业应努力实现回款工作制度化。所谓回款工作制度化，就是企业要对回款工作的各个环节，诸如目标设定、激励制度、评估和指导、回款技能培训、回款工作配合等方面做出明确的规定，以便使回款工作有章可依、有规可循。显然，回款工作制度化，是实现良好回款的可靠保证。

第二节 销售回款管理制度

一、公司销售回款管理制度

标准文件		公司销售回款管理制度	文件编号	
版次	A/0		页次	

1. 目的

为保障公司销售预算的顺利完成，加强回款工作的力度，结合目前公司实际回款情况，特制定本制度。

2. 适用范围

适用于销售回款的日常工作管理。

3. 管理规定

3.1 销售回款工作的任务

3.1.1 客服和销售业务人员必须按照先收款后发货的业务流程做好销售回款的日常工作。

3.1.2 大宗（大客户）销售合同：年销售额200万元以上的，必须由财务中心、营销中心实时跟踪，按月结清当月的款项，确保销售业务的顺利开展。

3.2 应收款项流程

3.2.1 合同的签订：合同的签订应规范，要严格遵照"产品供销合同"的要求。

3.2.2 保证合同的有效性：合同拟订好之后需由营销总监、总经理核对款项无误，并签字核实，然后由财务盖上合同（公）章认定为有效合同。之后由相关负责销售人员传真给订单客户，通知付款。

3.2.3 根据实际情况划分不同标准和管理办法

（1）额度在1万元之内：全款到账后，客服给予备货，并在合同范围内发货。

（2）额度在1万元至3万元之间。尽量要求客户全款到账，如果对方提出付定金采购，定金不得少于50%。定金到账后，客服给予备货，在合同范围内发货，货到后二个工作日内必须把其余款项补上。

（3）额度在3万元以上。属于公司的大客户，尽量要求客户全款到账，如果对方提出付定金采购，在一定弹性空间内，定金在30%～50%之间，定金到账后，客服给予备货，此后流程参照（2）执行。

（4）额度由担保人承担。担保资格：部门经理及以上级别。担保人员需在产品供销合同、提货单、出库单上签字，同时送达总经理批准后得以施行。款项由担保人跟踪催付，出现死账赖账的情况，在担保人的工资中扣取。

3.3 合同履行的跟踪

3.3.1 核实账款：财务人员严格监督每笔账款的回收和结算，及时把应收回来的账款录入系统，并对客户的往来款项进行核对；客服在业务人员收款期限内，对回款工作进行督促并协助财务处理回款过程中发生的问题。

3.3.2 追回余款：业务人员逾期未收回余款，必须填制工作事实报告，并附上规范合同、有效的送货单、发票回执单、对方负责人详细资料登记表，将回款的事宜移交给上级领导全权负责，同时追究有关业务人员的经济责任。

3.3.3 经济赔偿：上级部门接到报告，应落实责任人，制订对应措施，时刻关注货款的回收情况，避免因超过时效期或遗失证据而导致坏账，死账。对于因人为原因造成的死账、坏账，将追究有关人员的赔偿责任。

3.3.4 客户资料：每签订一笔新合同，必须了解对方单位及其负责人的详细资料，并由销售内勤填制客户详细资料登记表，以便在货款回收发生障碍时可有多种途径保护公司的债权。

3.3.5 欠款催缴：如需公司发函给较严重的欠款单位（或个人），业务员须填写申请，附相关证据阐述事件的缘由，总部收到申请后立即办理，并直接将函寄给欠款单位（或个人），进行催款。

3.3.6 沟通联系：在平时的收款工作中如有其他特殊需要，应及时以书面形式或电话与上级领导沟通、联系。

3.3.7 保证回款率：回款率是对销售业务人员业绩考核的最基本的信用标准，亦是业务销售提成的最终参考尺度，如回款率达到100%，则按有关合同及提成比例计算提成；回款率未达到100%，不计算提成。

3.4 应收账款监控

3.4.1 应收账款的管理原则为谁放货谁清收。

3.4.2 客户资信管理制度。

（1）建立客户信用档案。客户信用档案必须包括年检后的营业执照、法人身份证复印件、经营场所的固定电话、法人个人手机及家庭电话，营销中心负责对客户信用档案进行维护、保管、整理、归档。

（2）客户授信额度的金额标准。业务员根据签约销售量、外部评价对信用额度、信用期限（账期）提出建议，原则上信用额度不能超过客户上年全年销售额的月平均销售额，在淡旺季销售时可上下浮动50%，账期不超过30天。依次由部门经理、总监、财务负责人、总经理对信用额度进行审批。

（3）信用控制原则。业务部门发生销售业务时，应首先检查客户的信用状况，原则上对于超信用额度或超信用期限的客户不再发生销售业务；对于特殊情况需要对客户修改信用额度或信用期限的，由业务人员提出申请，部门负责人确认，财务负责人、总经理进行审批；对于需要展期的客户，由业务人员提出申请，部门负责人确认后，依次由财务负责人、总经理进行审批。

（4）客户信用评价。业务人员根据客户的回款情况，每年7月对客户的信用进行再次评价，由业务人员根据历史交易、实地考察、同业调查等情况提出建议。对信用额度在3万元以上、信用期限在1个月以上的客户，业务经理每年应不少于走访一次；信用额度在5万元以上、信用期限在1个月以上的，除业务经理走访外，业务部门负责人每年必须走访一次以上。在客户走访中，应重新评估客户信用等级的合理性并结合客户的经营状况、交易状况及时调整信用等级。

（5）客户的信息资料。其资料为公司的重要档案，所有经管人员须妥善保管，不得遗失，如有公司部分岗位人员调整或离职，该资料的移交须作为工作交接的主要部分，资料交接不清的，不予办理调岗、离职手续。

3.4.3 商品的赊销管理。

业务人员在与客户签订销售合同或协议书时，应按信用档案中对应客户的信用额度和信用期限约定单次、销售金额和结算期限，并在期限内负责经手相关账款的催收和联络。

业务人员在销售商品和清收账款时不得有下列行为，一经发现，分别给予罚款并限期改正或赔偿，情节严重者适用公司奖惩制度或移交司法部门。

（1）收款不报或积压收款（扣发5%工资）。

（2）退货不报或积压退货（扣发5%工资）。

（3）转售不依规定或转售图利（扣发10%工资并收缴全额图利金额）。

（4）代销其他厂家产品的（扣发全部工资）。

（5）截留、挪用、坐支货款不及时上缴的（扣发全部工资）。

3.4.4 逾期应收账款管理。

（1）业务人员全权负责对自己经手赊销业务的账款回收，为此，应定期或不定期地对客户进行访问（电话或上门访问），访问客户时，如发现客户有异常现象，应及时向业务经理报告并建议应采取的措施。如客户有其他财产可供作抵价时，应在征得客户同意后立即协商抵价物价值，妥为处理以避免更大损失发生。但不得在没有担保的情况下，再次向该客户发货，否则相关损失由业务员负责全额赔偿。

（2）业务部门应全盘掌握公司全体客户的信用状况及往来情况，业务人员对于所有的逾期应收账款，应由各个经办人将未收款的理由，详细陈述于账龄分析表的备注栏上，以供公司参考，对大额的逾期应收账款应特别加以书面说明，并提出清收建议。

（3）业务人员应严格按与客户确定的账期催收货款，逾期1个月扣发当事人工资的10%，逾期2个月扣发当事人工资的30%，逾期3个月扣发当事人工资的50%，逾期3个月以上按坏账处理，由相关责任人按规定承担，当业务人员全额收回货款时公司将上述扣款全额退还相关人员；当业务人员不能全额收回货款时公司将按收回账款的比例退还相关人员的上述扣款。

（4）逾期应收账款形成坏账的赔偿处理。发现呆死账要按账面余额由业务经办人赔偿40%，主管经理赔偿15%，主管总监赔偿15%，企业承担30%。

3.4.5 应收账款交接管理。

（1）如业务人员岗位调换、离职，必须对经手的应收账款、发出商品进行交接，交接未完或不清的，不得调岗或离职；交接不清的，责任由交者承担；若交接未完或不清擅自离职者，公司保留依照法律程序追究当事人责任的权利。

（2）业务人员提出离职后须把经手的应收账款全部收回或取得客户对应收账款的确认函，若在一个月内未能收回或未取得客户确认函的不予办理离职。

（3）离职移交清单至少一式三份，由移交人、接交人核对无误后双方签字，经监交人签字后，交移交人一份，接交人一份，公司存留一份。

（4）业务人员接交时，遇有疑问或账目不清时应立即向业务部门经理反映，有意代为隐瞒者应与离职人员同负全部责任。

3.4.6 应收账款清查：公司财务中心按财产清查制度负责对应收账款、发出商品、应付账款负数等实行清查，并将清查的结果拟定处置意见上报公司。

| 拟定 | | 审核 | | 审批 | |

二、销售回款预防与监控制度

标准文件		销售回款预防与监控制度	文件编号	
版次	A/0		页次	

1. 目的

为了防止企业的大量货款滞留在销售渠道中，及时回收所发生的销售款项，避免公司出现经营困难，最大限度地降低经营风险，公司销售部特制订以下销售回款管理方案。

2. 适用范围

适用于各营销下属机构、分公司等回收销售款项的工作。

3. 管理规定

3.1 预防拖欠款的发生

各销售单位、分公司要重视货款的回收工作，防患于未然。具体的预防措施包括客户信用评估、约定预付款等。

3.1.1 客户信用评定。

（1）收集客户资料。

①对客户的信用情况进行评定，销售人员要收集和客户相关的各方面资料，包括客户的基本资料、资产状况、经营能力等。

②实际收集资料的过程中，销售人员可使用表单，汇总客户的各方面信息。

（2）划分客户等级。

① 根据对客户资料的收集、分析，从客户的基本情况、管理水平、信用记录、经营状况、现金流量等方面评定客户信用等级，从高到低分为优、良、中、差四级，进而决定采用何种付款方式和确定赊销的额度，具体情况如下表所示。

客户信用等级区分表

信用评定等级	信用评分	付款方式选择	信用额度基数	备注
一级：优秀	80分以上	后付款	×××万	要求担保
二级：良好	60～80分	后付款或分期付款	××万	要求担保
三级：中，应注意	40～60分	预付款或分期付款	××万	要求担保
四级：差，重点防备	40分以下	预付款	0	

② 根据不同客户的具体情况，可在信用额度基数之上，通过一个调整系数对信用额度进行调整。用公式表示为：信用额度 = 信用额度基数 × 信用调整系数。信用调整系数如下表所示。

信用调整系数表

信用等级 / 客户分类	差	中	良	优
次要客户	0	0	0.6	1
一般客户	0	0.6	1	1.1
重要客户	0.4	0.8	1.1	1.2
核心客户	N/A	1	1.2	1.4
备注	信用调整系数的数值在0～1.4。信用等级越高的客户，其信用额度越会被放大，最大可达信用额度基数的1.4倍；信用等级越低的客户，其信用额度会在基数的基础上缩小，最低为0			

3.1.2 约定预付款。

这是防止欠款发生的最直接方法。销售人员在与客户商讨销售协议时，最好将预付款作为成交的条件，并在合同中明确说明，只有客户货款到账，公司才会按照订单要求发货。

3.1.3 其他预防措施。

（1）合同中要明确各项事宜，尤其是付款方式和付款时间，防止客户借口不付款，即使客户不按时付款，诉诸法律时也有据可依。

（2）做好业务记录，每一次出货、发货都要做好记录并让客户签字（当面或传真方式），明确在哪一天客户购买了哪些品种，合计多少钱；每一笔货款按约定又该何时回笼等，以免日后发生争议。

（3）时刻关注客户的一切异常情况，如客户企业法人代表易人、经营转向、办公地点更换、企业破产，等等。一有风吹草动，销售人员应马上采取措施，防患于未然，杜绝呆账、死账的发生。若相关负责人离职，销售人员千万要让其办好还款手续。

3.2 销售回款监控

3.2.1 对于销售回款，各部门销售经理应做好控制工作，及时统计各销售人员业绩及回款情况，并与财务部及时沟通，了解货款到账情况，并采取相应的奖惩措施，以激发销售人员的积极性，促进货款的及时回笼。

3.2.2 月度回款目标监控。

（1）销售回款目标的设定。

① 销售部经理应根据销售活动的实际情况、部门销售目标及企业销售回款任务要求，制定每月销售目标及销售回款目标，并进行分解，具体到销售人员，让每一位销售人员明确了解自己的任务目标。

② 具体的月度销售回款目标可设置为：部门销售目标××万元，销售回款率应达到××%～××%；个人销售目标××万元，销售回款率应达到××%以上。

（2）销售回款考核

① 每月10日，考核回款目标是否完成全月指标的20%。

② 每月20日，考核回款目标是否完成每月指标的70%。

③ 每月27日，考核当月回款是否已100%完成全月指标。

3.2.3 回款奖惩办法。

本企业的货款回收与销售人员的业绩考核直接挂钩。

销售人员在产品销售过程中，其回收款项业绩不仅与个人利益挂钩，还和回收账款的管理联系在一起，使应收账款处在合理、安全的范围之内。"销售人员货款回收情况奖惩表"所示的就是随着销售人员所回收货款的多少而制定的相应的奖惩措施。

3.2.4 当天回款当天报告。

销售人员收到货款之后，必须立即将其交到所在销售公司、销售单位的财务人员处。各分公司出纳设置"销售货款回收统计表"，详细记录并及时核对分公司下属的各个分区的回款情况。

销售人员货款回收情况奖惩表

人员 \ 奖惩比例	惩罚						奖励				
	0%	10%	20%	30%	40%	50%	60%	70%	80%	90%	100%
销售人员 A	×	×	×	×	×	×	×	×	×	×	×
销售人员 B	×	×	×	×	×	×	×	×	×	×	×
销售人员 C	×	×	×	×	×	×	×	×	×	×	×
销售人员 D	×	×	×	×	×	×	×	×	×	×	×

3.3 销售回款跟踪管理

对于后付款的客户，在回收销售货款的过程中，销售人员可将整个货款回收时期分为三个阶段，即前期、中期和后期，以便销售货款的快速回收，提高销售渠道中的货款回收效率。

销售回款跟踪表

跟踪客户	客户信誉度	分期货款回收额		
		前期	中期	后期
A 客户	□优 □良 □中 □差	××%	××%	××%
B 客户	□优 □良 □中 □差	××%	××%	××%
C 客户	□优 □良 □中 □差	××%	××%	××%
D 客户	□优 □良 □中 □差	××%	××%	××%

拟定		审核		审批	

三、销售回款催收方案

标准文件		销售回款催收方案	文件编号	
版次	A/0		页次	

1. 目的

为了减少企业销售货款在渠道中的滞留，降低企业营销的成本和管理费用，提高销售人员对销售货款的回收率，特制订本方案。

2. 适用范围

适用于销售人员对回款的催收。

3. 主要内容

3.1 销售回款催收的方法

3.1.1 发生客户拖欠款，销售人员可根据客户的具体情况、信用程度等，采用适当的催收方法，以便及时回收货款。

3.1.2 销售人员可采用下表所示的方法进行销售款项催收。

销售款项催收方法

催收方法	实际操作	实施对象
软磨法	1. 耐心礼貌地采用信函、传真、电话，甚至亲自上门等方式软磨 2. 必要时摆出长期作战的架势，如在客户的办公或住地旁租个住处，目的是让客户心烦意乱，结款了事	关系重要、得罪不起的客户或大客户、老客户等
轰炸法	1. 三番五次通过措辞强硬的信函、电话、传真手段直接催收 2. 亲自上门表明立场 3. 摆出誓不罢休的架势，目的是让客户望而生畏，尽快付款	关系一般的客户或销售人员手里客户较多
关系法	通过第三者介入，协调来解决付款问题。如通过熟悉客户的朋友、同事、同乡或通过他们找到客户熟悉的人，由此人帮助说情、讲理、沟通感情、发展关系，使问题得到解决	关系重要、销售人员手上的重点客户
代价法	1. 停止发新货，前款到账再发新货 2. 扬言占据客户经营场地，拉走客户货品或物资 3. 通过新闻舆论公布事实真相，给客户造成压力，感觉欠款得不偿失，尽快付款	企业产品有市场优势，关系客户企业发展，客户有求于销售人员或销售人员手里有较多客户
压力法	1. 通过写信或走访客户的主管部门、银行、工商、税务、行政管理部门，争取同情与支持 2. 通过新闻单位、公众舆论部门或客户的同行单位、客户的客户，争取他们的同情与支持，给客户制造压力，促使客户早日还款	关系一般、销售人员手里客户较多或者关系重要但欠款时间过长的
奖励法	通过在客户安插内线，雇请个人或公司帮助收款，然后给予佣金或奖励的办法	欠款时间过长，几乎成为死账的
法律法	由律师执笔寄出催账函，若客户仍不付款，采用下一步：依据法律程序来调解或仲裁	上述办法都无用的情况

3.2 销售回款催收方案

3.2.1 催收前的准备。

（1）销售人员回款技能培训。

时间：××月××日至××月××日。

地点：××会议室。

器材：投影仪1台、黑板、粉笔若干。

人员：××讲师、本公司销售人员××名。

目标：销售人员的信心培养；掌握催收技巧；相关法律的熟识及运用。

销售人员回款技能培训的内容如下表所示。

××公司销售人员回款技能培训

时间	培训内容
××月××日	对回款的认识，对销售人员回款信心的培养训练
××月××日	销售回款的基本技能，并结合理论进行讨论、演练和总结
××月××日	考虑销售回款过程中的各种环境和条件，学习成功的回款案例，灵活掌握回款技能
××月××日	对相关经济法律的认识学习

（2）销售资料准备。

销售人员在收款前，要运用销售统计表和客户回款日报表两种表格，妥当计划以完成收款任务。

销售统计表

商品名称	数量（件）	单价（元）	销货总额（元）	回款日期	回款金额（元）	售货清单号码
A	××	××	××	×月×日	××	××××
B	××	××	××	×月×日	××	××××
C	××	××	××	×月×日	××	××××
D	××	××	××	×月×日	××	××××
E	××	××	××	×月×日	××	××××

客户回款日报表

客户姓名	售货清单号码	销货总额（元）	回款金额（元）	现金或支票	尚结欠金额（元）	日报总金额（元）
A	××××	××	××	□现金 □支票	××	××
B	××××	××	××	□现金 □支票	××	××
C	××××	××	××	□现金 □支票	××	××
D	××××	××	××	□现金 □支票	××	××
E	××××	××	××	□现金 □支票	××	××
注意事项	1. 日报表内所填写的客户名称是否与售货清单相符 2. 收取货款时是否已与客户谈妥支付哪笔货款 3. 折让金额是否超过企业规定数额 4. 收取支票日期是否过长						

注意事项	5. 客户尚结欠的金额是否与日报表相符 6. 客户回款日报表，销售人员自存一份外，应依公司规定送其他有关单位 7. 当业务员将货款缴交有关承办人员时，应请收款人员在自存联上签字留查

3.2.2 催收过程中的实施方案。

（1）截止到××××年××月××日，××客户已收货，但至今仍没有付款，销售人员×××打电话进行催讨，并询问对方是否已经收到××到期付款通知单。

（2）逾期15天未付款，发出第一封催讨函，并打电话给对方负责人询问情况，了解××公司的态度。

① 催讨函。

催讨函

××公司：

  贵公司自××月××日，第××号至第××号货物收货之日起已有15天之久，尚欠货款金额××××元，特此通知。

  贵公司至今对付款一事尚未表态，不知此事是否被遗忘？对于贵公司拖欠货款一事，我们深感遗憾。

  限期已到，若贵公司能够顺利付清货款，我公司会深感欣慰，愿我们会有更长久的合作。

××公司销售部
××××年××月××日

---

② 电话催讨，销售人员语气要和缓友善，不伤客户感情。

（3）逾期30天未付款，发出第二封催讨函，再次与对方通电话，并同时停止发货。

① 催讨函。

催讨函

××公司：

  贵公司自××月××日，第××号至第××号货物收货之日起已有30天之久，尚欠金额××××元，特此通知。

  贵公司拖延付款违反了有关交易的约定，致使我公司在××货物交易上受到××损失，我公司正考虑与贵公司停止交易。

  若贵公司在××天内不能将货款结清，我公司与贵公司的贸易往来不得不中止，并且不得不在贵公司欠款账下每月增加总金额的××%作为违约滞纳金。

  贵公司若同意于××天内将货物欠款结清，之前因拖延付款而产生的利息减至××，特此促请贵公司注意。

××公司销售部
××××年××月××日

② 电话催讨，销售人员语气要坚定有力。

（4）逾期 90 天未付款，发出第三封催讨函，并做好委托 ×× 机构进行催讨回款的准备工作。

催讨函

×× 公司：
  贵公司至今尚未付清货款余额，若贵公司对于此事再加拖延，我公司不得不委托本公司法务主管依法提起诉讼。
  我公司与贵公司进行了多次协商，未果。贵公司刻意拖延付款，严重忽视我公司与贵公司之间的契约规定，经公司决定，我公司法务主管将于 ×× 月 ×× 日开始依照法律途径解决。
  若贵公司在 ×× 月 ×× 日前仍不能将货款付清，我公司将委托 ×× 法律机构前往贵公司进行催讨，特此通知。

×× 公司销售部
×××× 年 ×× 月 ×× 日

（5）委托法律机构进行催讨。

对于本公司委托法律机构进行催讨一事，应告知对方，函件内容如下：

催讨函

×× 公司：
  关于贵公司拒付货款一事，我公司已委托 ×× 法律办事处进行办理，特此通知。
  因贵公司一再拖延付款，我公司不得已而诉诸法律催讨。
  本案已由 ×× 法律机构受理，将在 ×× 月 ×× 日前向 ×× 法院提起诉讼。

×× 公司
×××× 年 ×× 月 ×× 日

拟定		审核		审批	

第三节 销售回款管理表格

一、客户信用状况调查表

客户的基本情况表

公司名称		公司成立日期	＿＿＿年＿＿月＿＿日
公司地址	省　　市　　县（区）　　路　　号（邮编：　　　　）			

续表

法人代表		法人代表联系方式	
公司以往经营情况			
公司以往付款情况			
主要销售人员情况			

客户公司的资产状况表

公司名称		公司成立日期	＿＿＿年＿＿月＿＿日
公司固定资产		公司流动资产	公司注册资金
公司营业额			
公司净值			

客户的经营能力状况调查表

指标类别	能力指标	具体内容
偿债能力指标	资产负债率	
	流动比率	
	速动比率	
盈利能力指标	净利润率	
	资产回报率	
其他能力指标	库存周转率	
	应收账款周转率	
备注	速动比率，又称"酸性测验比率"（Acid-test Ratio），是指速动资产对流动负债的比率。它是衡量企业流动资产中可以立即变现用于偿还流动负债的能力	

二、月货款回收统计表

月货款回收统计表

单位：元

序号	合同号	客户名称	产品名称	签订日期	付款方式及时间	合同总额	已开发票金额	已开发票时间	货发但未开发票金额	货发但未开发票时间	已收货款金额	已收货款时间	应收账款	到期应收款	迟收货款金额	迟收货款发生日	本月发生迟收情况	货款回收率	合同签订人	代表处协助签订人	合同批准人	备注

填表单位：　　　　主管领导：　　　　填表人：　　　　填表日期：

填表要求：1. 各单位应准确、详实地填写此报表，填表数据统计截止日期为每月 25 日；
　　　　　2. "付款方式及时间"一栏应具体注明；
　　　　　3. 货款回收率的计算方法为：本年度已收货款／（已收货款＋迟收货款）×100%；
　　　　　4. 如有迟收货款合同应详细注明原因，此表应于每月 25 日前上报市场总部商务部、数据网络事业部及宽带接入事业部，并同时报送经营财务部；
　　　　　5. "应收账款"＝"已开发票金额"－"已收货款金额"；
　　　　　6. "到期应收款"为已到合同收款期但未收回部分。

三、销售货款回收统计表

销售货款回收统计表

公司销售区域	销售人员回收回款			财务人员统计	财务主管核实是否属实并上报
	销售人员姓名	业务款项	回收金额		
A 区					□是　□否
B 区					□是　□否
C 区					□是　□否
D 区					□是　□否

四、欠款通知函

欠款通知函

市场总部、总裁办公室法律事务专员：

　　××公司与我公司于_____年____月____日签订合同，他方合同号为_____，我方合同号为_____。合同约定我部向该公司提供_____货物/服务，该批货物/服务总价为_____元人民币（RMB_____元）。

　　该批货物/服务我部已按合同约定提供，该公司迄今未通知我部货物验收不合格/服务质量不合格。

　　该公司付款情况如下：

	第一次	第二次	第三次	第四次
到期日				
应付金额				
实付金额				
逾期金额				
逾期合计				

　　依据该公司与我公司签订的合同，上述款项已逾期未支付。

　　　　　　　　　　　　　　　　　　　　　　　　　　_____年____月____日

五、欠款催收函

欠款催收函

　　To（收件人）　　　　：
　　Cc（抄送）　　　　　：
　　FAX（收件传真号）　：
　　Date（日期）　　　　：
　　Page（s）（页数）　　：

　　From（发件人）　　　：
　　FAX（发件传真号）　：86-10-
　　Re（关于）　　　　　：

　　贵公司与我公司于_____年____月____日签订合同，贵方合同号为_____，我方合同号为_____。合同约定我公司向贵公司提供_____货物/服务，该批货物/服务总价为_____元人民币（RMB_____元）。

　　该批货物/服务我公司已按合同约定提供，贵公司迄今未通知我公司货物验收不合格/服务质量不合格。

　　贵公司付款情况如下：

续表

	第一次	第二次	第三次	第四次
到期日				
应付金额				
实付金额				
逾期金额				
逾期合计				

依据贵公司与我公司签订的合同，上述款项已逾期未支付，望贵公司尽快支付。

如对本传真内容存有任何异议，请于＿＿＿年＿＿月＿＿日前书面通知本传真发件人，我公司将从速派人与贵公司友好协商解决。

如届时未获答复，我公司将不得不遗憾地引用合同违约责任条款及争议解决条款处置。

如蒙尽快回复，将不胜感谢！

×× 股份有限公司
＿＿＿年＿＿月＿＿日

六、欠款确认函

欠款确认函

To（收件人）   ：
Cc（抄送）   ：
FAX（收件传真号）   ：
Date（日期）   ：
Page（s）（页数）   ：

From（发件人）   ：
FAX（发件传真号）   ：

Re（关于）   ：

＿＿＿＿＿：
贵公司与我公司于＿＿＿年＿＿月＿＿日签订合同，贵方合同号为＿＿＿＿＿＿，我方合同号为＿＿＿＿＿＿。合同约定贵公司向我公司提供＿＿＿＿＿＿货物/服务，该批货物/服务总价为＿＿＿＿元人民币（RMB＿＿＿＿元）。

该批货物/服务我公司已按照合同接受/验收，货物/服务质量符合合同规定。

我公司目前付款情况如下：

	第一次	第二次	第三次	第四次
到期日				
应付金额				
实付金额				

续表

	第一次	第二次	第三次	第四次
逾期金额				
逾期合计				

由于合同外原因，我公司如期支付上述逾期款项存有困难，请求贵公司准予延期支付。
如蒙贵公司同意，我公司将指派人员与贵公司洽商签订延期还款协议。
　　　此致

单位名称：
（签字盖章）
_____年____月____日

七、延期付款协议书

延期付款协议书

甲方：
乙方：

　　鉴于：
　　1.甲乙双方于_____年____月____日签订合同，双方在合同中约定，甲方向乙方提供_____（货物/服务），该批货物（服务）总价为_____元人民币（RMB_____元）。该合同甲方编号为_____，乙方编号为_____。
　　2.乙方在合同项下的付款情况如下：

	第一次	第二次	第三次	第四次
到期日				
应付金额				
实付金额				
逾期金额				
逾期合计				

　　3.甲方已完全、适当地履行合同义务，乙方对此并无任何异议。
　　4.乙方请求延期支付上表所列逾期款项（以下简称"逾期款项"），甲方同意在本协议约定的条件下，接受乙方此一请求。

　　就此情况，经双方经协商一致，签订协议如下：
　　1.乙方将分期在本条约定的截止日之前，按照下面的还款时间表载明的金额偿还合同项下的款项：

	第一期	第二期	第三期	
截止日				
还款金额				
延期合计				

2. 乙方按照还款时间表，在每期截止____日之前偿还的款项（以下简称"延期款项"），不论是否超过合同约定的付款期限，甲方均不再要求支付违约金。

3. 乙方未按照还款时间表还款，自截止____日次日（含）起，超过截止日的金额（以下简称"再次逾期款项"）每日应支付____%的逾期付款违约金。

4. 根据第3条计算得出的再次逾期款项应支付的违约金低于按照合同约定的计算方法乙方应支付的违约金数额时，甲方有权选择采用两者中较高的一个。

5. 乙方应在本协议生效日（含）起5日内向甲方提供不低于逾期款项金额110%的还款担保。

6. 在下列情况下，甲方有权解除本协议：
（1）再次逾期款项金额超过逾期款项金额的50%；
（2）乙方未按照本协议提供还款担保。

7. 本协议解除，甲方有权按照合同要求乙方支付逾期付款违约金。延期款项仍可以计入逾期款项中。

8. 本协议一式两份，具有相同法律效力，双方各执一份。

9. 与本协议理解、执行有关的一切纠纷，由甲方住所地有管辖权的人民法院管辖。如合同关于司法管辖权的约定与本条之约定不符，应以本条的约定为准。

本协议自双方签字盖章之日起生效。

甲方：　　　　　　　　　　　　　　　乙方：
（签字盖章）　　　　　　　　　　　　（签字盖章）
_____年____月____日　　　　　　　　_____年____月____日

第九章

客户管理

第一节　客户管理要领

一、客户信息调查

一般来说，企业在对客户信息进行调查时，应按照以下步骤实施。

1. 明确调查的问题点

首先收集企业内外部有关情报资料进行初步分析。初步分析的资料收集不必详细，只要重点收集对所要研究分析的问题有参考价值的资料即可。通过预备调查阶段的工作，使问题的调查范围缩小，明确问题所在，针对性地提出一个或几个调查课题。

2. 确定收集信息的方法

在确定客户信息收集这一主题后，就要确定收集信息的来源和方法，此时必须明确下列问题：

（1）调查需要收集什么资料？
（2）用什么方法进行调查？
（3）由谁提供资料？
（4）在什么地方进行调查？
（5）在什么时间进行调查？
（6）是一次调查还是多次调查？

3. 准备客户调查表

客户调查表是指企业用于调查客户某一方面的专门信息的表格。常见的有客户基本信息调查表、客户历史状况调查表、客户组织管理状况调查表、客户经营状况调查表、客户财务状况调查表、客户实地调查表、客户信用记录调查表等，分别就客户的身份、历史、组织管理、经营状况、财务状况与信用状况进行专门调查。

4. 从内部获取资料

销售部是企业直接与客户打交道的部门，与客户保持着密切的联系。通过对客户的实地访问和电话信函联络，可以获得许多客户内部信息。这些信息一般都被销售业务员写进了说明订货情况的订货报告中。

5. 从外部获取资料

外部信息的渠道包括机构资料、图书馆资源、政府机关资料、商会资料、行业协会资料、商业出版社、银行等。

6. 实地访问调查

对客户进行实地访问调查是一种与客户直接接触的调查方式。从中可以得到许多细节性的信息，了解已掌握材料的背景或"幕后"情况，弥补不能从其他渠道获得的信息空白。

二、客户资信管理

客户资信管理是信用风险管理的基础工作，主要要求企业全面收集管理客户信息，建立完整的数据库，并随时修订、完善，实行资信调查制度，筛选信用良好的客户。一般来说，企业对客户资信进行调查时，应按照以下步骤实施：

1. 签订委托合同

明确调查项目、调查目的、调查方式，签订委托合同，在签订合同前：应当审核调查项目的合法性与可行性，对不合法或不可行、服务费用无法达到调查目的的委托，不得接受；应当根据委托人的调查目的，就调查项目与调查方式向委托人提供专业建议，以帮助委托人实现其目的；应当对调查目的、调查项目、调查方式、收费额、收费方式与委托方达到理解一致。

2. 判定调查计划

根据合同确定的调查项目、调查目的、调查方式，制订调查计划，经信用机构负责人或其授权的工作人员批准后，实施计划。

3. 撰写调查报告

在调查报告中，对秘密信息或技术专利信息，要明确告知委托方该类信息的使用范围与注意事项；要根据被调查方在通知调查中的配合程度与提供资料的诚信度，对被调查方的主观诚信度给予客观的评价；对履约能力的评价，要谨慎、客观；除信息来源方要求保密外，应将信息来源告知委托方。

三、客户拜访管理

一般来说，销售业务员拜访客户时，应按照以下步骤进行：
（1）前期准备。准备内容包括有关本公司及业界的知识、产品知识、客户信息、销售方针、广泛的知识、丰富的话题、名片、电话号码簿。

（2）打招呼。在客户未开口之前，以亲切的语调向客户打招呼问候。

（3）自我介绍。如："这是我的名片，谢谢您能抽出时间让我见到您！"

（4）破冰。营造一个好的气氛，以拉近彼此之间的距离，缓和客户对陌生人来访的紧张情绪。

（5）巧妙运用询问术，让客户询问，以引起客户的兴趣。

（6）约定下次拜访内容和时间。在结束初次拜访时，营销人员应该再次确认一下本次来访的主要目的是否达到，然后向客户叙述下次拜访的目的，约定下次拜访的时间。

四、客户满意度的调查管理

客户满意度调查也必须经过策划，然后才能实施，其步骤如下：

1. 调查策划

客户满意度调查的策划，包括确定调查的目的、调查的内容、调查的方法，拟定调查进度表、调查费用预算表等工作。

2. 确定调查项目及权重

在进行客户满意度测评前，应确定客户满意度调查的项目及权重，既要确定评估项目、评估项目占满意度总分的比率，同时也要确定每一项目的具体评估小项，评估小项占该项目分值的比率。

3. 设计调查问卷

设计调查问卷前一定要清楚设计的目的，并制定好覆盖内容，如服务速度、动作、标准等。

4. 收集客户满意度信息

若要使客户满意度测评全面、公正、有效，就须收集大量的信息。而收集信息的方法各种各样，一般来说，可以通过产品满意度调查表、客户意见登记表、售后服务维修单等方法来收集资料。

5. 整理调查资料

资料的整理一般包括资料的审核、组织分类、录入等工作。资料整理是一个认识加深的过程，是对大量汇总资料的综合归纳，是进行客户满意度各项数据分析的必要准备工作。

6. 调查数据分析

每次进行客户满意度调查后，客户服务部都要对收回的"客户满意度调查问卷"或"客户满意度调查表"，按产品或型号规格或客户的类别（经销商、最终客户）进行分类整理和统计分析。

7. 编制调查报告

根据对"客户满意度调查表"的统计分析及从其他渠道获得的客户满意度信息（如消费者组织的报告、新闻媒体的报道、产品监督机构的公告、权威机构的调查报告、行业协会的调查、客户投诉等），整理出"客户满意度调查报告"。"客户满意度调查报告"通常包括技术报告、数据报告、分析报告及附件。

五、客户档案的管理

一般来说，企业对客户档案进行管理时，应按照以下步骤实施：

1. 客户信息整理

资料收集结束以后，需要对这些有用的资料信息进行分类、整理，并建立一系列信息卡，以备查用。

2. 客户信息分类

客户信息是不断变化的，客户档案资料应不断地加以补充和更新，客户档案的整理必须具有管理的动态性。因此，需要对客户档案资料进行分类、编号定位，并用活页装卷。

3. 建立档案

将每一大类都必须填写完整的目录并编号，以备查询和进行资料管理。客户档案每年应分季度进行清理，按类装订成固定卷保存。

4. 客户信息档案的管理

对客户信息档案应加强管理，并制定定期查询制度、借阅制度，同时要确保客户信息不会外泄。客户资料保密事项应包括：

（1）本公司主要客户的重要信息。
（2）公司与客户重要业务的细节。
（3）公司对重要客户的特殊营销策略。

第二节　客户信息管理制度

一、新客户开发管理制度

标准文件		新客户开发管理制度	文件编号	
版次	A/0		页次	

1. 目的

为使本公司的新客户开发工作规范化，顺利开展客户开发的工作，特制定本制度。

2. 责任分工

为保证新客户开发计划的顺利进行，为公司争取到更多的市场份额，需要建立统一的组织协调机构。

2.1　销售部作为主要的新客户开发组织策划部门，负责新客户开发计划的制订和组织实施。

2.2　销售部所辖人员为新客户开发活动的具体执行人员。

3. 管理规定

3.1　新客户开发管理

3.1.1　新客户开发的任务。

（1）确定新客户的范围，选择需要开发的新客户，选择新客户开发计划的主攻方向。

（2）实施新客户开发计划，确定与潜在客户联系的渠道与方法。

（3）召开会议，交流业务进展情况，总结经验，提出改进对策，对下一阶段工作进行布置。

3.1.2　选择新客户的原则。

（1）新客户必须具有较强的财务管理能力和较好的信用。

（2）新客户必须具有积极的合作态度。

（3）新客户必须遵守双方在商业上和技术上的保密原则。

（4）新客户的成本管理能力和成本控制水平必须符合本公司的要求。

3.1.3　新客户开发的步骤。

（1）搜集资料，制作"潜在客户名录"。

（2）分析潜在客户的情况，为新客户开发活动的实施提供背景资料。

（3）调查新客户的相关资料，衡量新客户是否符合上述基本原则。

（4）调查结束后，提出新客户认定申请。

（5）将上述资料分发给销售专员，准备开发新客户。

3.1.4 开发人员要为新客户设定代码，进行有关登记准备。

3.1.5 其他事项，包括将选定的新客户基本资料通知公司相关部门、确定对方的支付方式、新客户有关资料的存档等。

3.2 新客户开发活动的实施

3.2.1 客户调查。

（1）销售主管组织实施潜在客户调查计划。根据新客户开发人员提供的"潜在客户名录"选择主攻客户，然后确定负责新客户开发工作的销售专员进行分工调查，以寻找最佳的开发渠道和方法。

（2）运用企业统一印制的新客户信用调查表，对客户进行信用调查。

（3）根据调查结果进行筛选评价，确定应重点开发的新客户。如调查结果有不详之处，应组织有关人员再次进行专项调查。

3.2.2 客户开发。

（1）向上级提出新客户开发申请，得到同意后即时实施新客户开发计划。

（2）在调查过程中，如发现信用有问题的客户，有关人员须向上级汇报，请求中止对其进行的调查并中止业务洽谈。

（3）负责新客户开发的销售专员在与新客户接触过程中，一方面要力争与其建立业务联系，另一方面要对其信用、经营、财务能力等方面进行具体调查。

（4）负责新客户开发的销售专员在访问客户或进行业务洽谈前后，要填写"新客户开发计划及实施表"。

（5）根据实际进展情况，销售主管应对负责新客户开发的销售专员及时加以指导。

（6）负责新客户开发的销售专员应通过填写"新客户开发日报表"，将每天的工作进展情况、取得的成绩和存在的问题向销售主管进行反映。

3.3 新客户开发建议管理办法

3.3.1 本办法的目的在于充分利用销售专员在新客户开发和产品销售的过程中所得到的宝贵建议。

3.3.2 新客户开发建议包括但不限于以下内容：

（1）企业整体营销策略的调整。

（2）客户开发与产品销售策略的制订。

（3）客户管理方法。

3.3.3 新客户开发建议的途径：员工将写好的建议投入提案箱，公司于每月

20日开箱并于月底前审查完毕。

3.3.4 开发建议评审：新客户开发建议的内容不需获得各级主管的审批和认可，每3个月召集全体员工集体讨论一次，评定奖级，当场发奖。

3.3.5 新客户开发建议评定委员会的职责及组成。

（1）新客户开发建议评定委员会的主要职责是调查建议的内容，讨论与协调各部门的意见，并做出评价。

（2）新客户开发建议评定委员会由下列人员组成：主任由营销总监担任，副主任由市场部经理、销售部经理担任，委员由相关主管级人员担任。

3.3.6 员工所提建议通过新客户开发建议评定委员会的审查后，一经采纳，可按下表对提出建议者进行奖励。

新客户开发建议奖励办法

等级	评分基准	金额（元）
一等	具有独创性及经济价值，并可能实施，其内容可划分为四个等级	1000
二等		800
三等		600
四等		400
鼓励奖	该项建议具有独创性，将来可能有用	200
努力奖	建议人已努力，但其建议不可能实施	奖品

（1）各项提案根据其评分等级给予奖励。

（2）对于提出合理化建议的员工应予表扬，原则上表扬会于次月10日举行。

（3）公司另外还设有实施绩效奖。

（4）公司各部门依建议提案数量多少（以决定采用的建议为计算基准）与人数的比例，统计前三名，由公司颁发"团体奖"并将其作为部门考绩的参考。

3.3.7 评定结果的通知及公告。

（1）每月月底公布建议评定的结果，并通知建议人。

（2）在本公司通知上公布被采纳建议及建议人。

3.3.8 对建议的保留或不采用的处理。

（1）经委员会认定还有待研究的建议，须暂予保留，延长其审查时间。

（2）对于未被采用的建议，如果评定委员会认为稍加研究即可发挥作用的，应告知建议人，相关部门应予以协助。

3.3.9 对被采纳建议的处理。

（1）评定委员会应将决定采用的建议，分部门填写建议实施命令单，于建议提出后的次月 15 日以前交各部门组织实施。

（2）经办部门的经理应将实施日期和要领填入建议实施命令单内，于月底前送交委员会，如在实施过程中遇到困难，应将事实报告主任委员。

（3）经决定采用的建议，在实施上如与有关部门的意见不合时，由主任委员裁决。

（4）建议实施后其评价如超过原先预期的效果，由委员会审查后追补建议人奖金。

（5）实施效果的确认由评定委员会负责，实施责任应属各部门，实施过程中遇到的困难事项由委员会处理。

拟定		审核		审批	

二、客户调查制度

标准文件		客户调查制度	文件编号	
版次	A/0		页次	

1. 目的

为规范公司的客户调查管理行为，推行客户标准化管理，提升公司客户服务质量，增加客户满意度，与公司客户建立长期稳定的业务关系，增强市场竞争能力，特制定本制度。

2. 适用范围

适用于所有关于客户信息的调查。

3. 管理规定

3.1 公司客户调查制度的基本原则

3.1.1 根据客户情况的变化，不断调整客户关系管理，并做跟踪记录。

3.1.2 客户关系管理的重点是维护现有客户，不断开发未来客户或潜在客户。

3.1.3 及时收集和整理客户关系资料，提供给销售公司经理和关联人。利用客户资料对客户进行分析，使客户关系资料的作用得到充分发挥。

3.1.4 建立客户管理档案，由客户管理档案员负责管理，制定严格的查阅制度。

3.2 客户调查制度的内容

3.2.1 收集、分析、保存客户信息，填写客户基本信息表和客户清单，积累有关客户与竞争对手的信息。

3.2.2 定期对客户的情况进行分析，包括客户的构成、与公司的交易数量金额、货款回收、销售区域等。

3.2.3 定期对客户进行回访，了解客户对公司产品质量、包装、运输方式、服务等方面的意见和建议。

3.2.4 对客户的投诉意见进行整理，联系相关责任部门，将提出的处理意见或建议及时反馈给客户。

3.2.5 制订客户计划，挖掘现有客户的合作潜力，开发新的客户，重点是终端大客户。

3.3 客户调查制度实施细则

3.3.1 营销业务员与客户交谈过程中，应注意了解客户家庭状况、个人信息、个人经历、兴趣爱好、业务专长、价值观念等，对此调查记录应严格保密。

3.3.2 营销业务员在取得上述资料时，应该具有涵养和忍让精神，要耐心地倾听对方的谈话，并能引导客户自然地透露你所关心的信息资料，并及时填写客户个人信息卡归档。

3.3.3 营销业务员要定期整理客户个人信息卡，适时地对客户做好个人事务的联络工作，以加深感情。

3.3.4 关注客户的一切商业动态。譬如，遇到客户的周年庆典应及时给予庆贺，利用各种机会加强与客户之间的感情交流。

3.3.5 每年组织一次客户恳谈会，加强与客户之间的交流与沟通，听取客户对企业产品、服务、营销等方面的意见和建议。对客户的意见和建议做详细记录。

3.3.6 每年组织一次企业高层主管与大客户之间的座谈会，加深与客户之间的感情，增强客户对企业的忠诚度。

拟定		审核		审批	

三、客户信用期限和信用额度管理制度

标准文件		客户信用期限和信用额度管理制度	文件编号	
版次	A/0		页次	

1. 目的

为规范往来客户的信用评级授信及其后续管理工作，有效地控制销售过程中的信用风险，减少应收账款的呆坏账，加快资金周转，结合本单位实际情况制定本制度。

本制度的具体目标包括以下内容：

（1）对客户进行信用分析，确定客户的信用额度；

（2）迅速从客户群中识别出存在信用风险、可能无力偿还货款的客户；

（3）财务和销售人员紧密合作，提供意见和建议，尽可能在扩大销售额的同时避免信用风险。

2. 适用范围

本制度适用于本部门的往来客户的授信业务及其后续管理工作，是该项业务操作的基本依据。

3. 职责分工

销售人员负责客户授信的操作及其后续管理工作，财务负责对该项业务的监督和账期提醒，销售主管和经理审核。

4. 内容

4.1 信用期限

信用期限是公司允许客户从购货到付款的时间间隔。根据行业特点，信用期限为 30～60 天不等。对于利润高的产品，能给予较长的信用期限；对于利润率低的产品，给予的信用期限较短甚至采用现款现货；给予信用期限的客户必须为拥有营业执照的正规公司，月销售额××万元以上，在业界声誉较好、大型国企等优先考虑。

4.2 客户信用申请

4.2.1 无论是信用调整还是新的信用客户，都需要填写客户信用申请表。

4.2.2 出现以下任何情况，该客户信用申请不予通过（老客户信用取消）：

（1）过往 2 年内与我方合作曾发生过不良欠款、欠货或其他严重违约行为。

（2）经常不兑现承诺。

（3）出现不良债务纠纷，或严重的转移资产行为。

（4）资金实力不足，偿债能力较差。

（5）生产、经营状况不良，严重亏损，或营业额持续多月下滑。

（6）最近对方产品生产、销售出现连续严重下滑现象，或有不公正行为（例如以质量客诉为由，拖欠正常无客诉货款）。

（7）出现国家机关责令停业、整改情况。

（8）客户已被其他供应商就货款问题提起诉讼。

4.3 申请过程

4.3.1 销售人员如实填写申请表，首先经业务主管批准后报给×××，批准后方可执行。

4.3.2 申请表审批后，需要签订正式的合作协议，协议要根据批准的信用申请表明确信用额度和账期。

4.4 过程管理

4.4.1 信用生效后，销售要根据授信情况及时沟通客户回款；财务要起到监督和督促作用。

4.4.2 信用额度审批的起点，是在接受销售订单之前，进行信用额度的审批；如客户信用额度超额，业务员将无法下订单。

4.4.3 所有货物的发出都需经过财务审批；如客户应收账款余额超过信用额度，客户仍未回款，财务有权停止发货。

4.4.4 对于超出信用额度的发货，财务人员必须在填写并完成临时额度申请表的审批程序或是得到上级相关部门的正式批准文书后，方可放行发货。如发生超越授权和重大风险情况，应及时上报。

4.5 资料存档

客户信用期限申请表和合作协议为公司的重要档案，所有经管人员须妥善保管，不得遗失，如有公司部分岗位人员调整或离职，该资料的移交要作为工作交接的主要部分，凡资料交接不清的，责任自负。

拟定		审核		审批	

四、大客户拜访管理制度

标准文件		大客户拜访管理制度	文件编号	
版次	A/0		页次	

1. 拜访目的

1.1 信息收集，了解客户。

1.2 客情维护：增进并强化与客户的感情联系，建立核心客户，提升销量，结清货款。

1.3 开发新客户。

1.4 新品推广。

1.5 提高公司市场占有率。

2. 拜访次数

2.1 关于老客户的回访次数

2.1.1 依据老客户的年采购量、财务信用状况及销售潜力确定回访事宜，对于年采购量大、财务信用优、销售潜力大的老客户拜访频率要高于年采购量小、财务信用一般、销售潜力小的老客户。老客户回访次数规定针对的是专门的老客户回访工作，正常业务联系拜访除外。

2.1.2 对于 A 类一级客户：直接负责该业务的大客户专员每周电话联络不少

于两次，每月上门回访不少于 4 次，回访对象为客户经办层面联系人及经办层负责人，部门直接主管每月上门回访一次。回访对象为客户相关业务负责人如办公室主任、采购部经理等。年末由大客户专员派送或邮寄公司挂历、贺卡，逢传统重大节日如中秋节、春节、周年庆典等节日由公司高层与客户关键决策人进行高层与高层之间的沟通。

2.1.3 对于 A 类二级客户：直接负责该业务的大客户专员每周电话联络不少于 1 次，每月上门回访不少于 3 次，回访对象为客户经办层面联系人及经办层负责人，部门直接主管每月上门回访一次。回访对象为客户相关业务负责人如办公室主任、采购部经理等。年末由大客户专员派送或邮寄公司挂历、贺卡，逢传统重大节日如中秋节、春节、周年庆典等节日由公司高层与客户关键决策人进行高层与高层之间的沟通。

2.1.4 对于 B 类一级客户：直接负责该业务的大客户专员每周电话联络不少于 1 次，每月上门回访不少于 2 次，回访对象为客户经办层面联系人及经办层负责人，部门直接主管每月上门回访一次。回访对象为客户相关业务负责人如办公室主任、采购部经理等。年末由大客户专员派送或邮寄公司挂历、贺卡，逢传统重大节日如中秋节、春节、周年庆典等节日由公司高层与客户关键决策人进行高层与高层之间的沟通。

2.1.5 对于 B 类二级客户：直接负责该业务的大客户专员每两周电话联络不少于 1 次，每月上门回访不少于 1 次，回访对象为客户经办层面联系人及经办层负责人，部门直接主管每月上门回访一次。回访对象为客户相关业务负责人如办公室主任、采购部经理等。年末由大客户专员派送或邮寄公司挂历、贺卡，逢传统重大节日如中秋节、春节、周年庆典等节日由公司部门主管与客户关键决策人进行高层与高层之间的沟通。

2.1.6 对于 C 类客户：直接负责该业务的大客户专员每两周电话联络不少于 1 次，每个月上门回访不少于 1 次，回访对象为客户经办层面联系人及经办层负责人，部门直接主管每季度上门回访一次。回访对象为客户相关业务负责人如办公室主任、采购部经理等。年末由大客户专员派送或邮寄公司挂历、贺卡，逢传统重大节日如中秋节、春节、周年庆典等节日由公司部门主管与客户关键决策人进行高层与高层之间的沟通。

2.1.7 针对招投标客户：直接负责该业务的大客户专员每月电话联络不少于 1 次，每季度上门回访不少于 1 次，回访对象为客户经办层面联系人及经办层负责人，年末由大客户专员派送或邮寄公司挂历、贺卡，逢传统重大节日如中秋节、春节、周年庆典等节日由公司部门主管与客户关键决策人进行高层与高层之间的沟通。

2.2 关于潜在目标客户的拜访次数

2.2.1 对于潜在目标客户，可根据跟进情况，采取适当的跟进方式，一般采取电话联络方式，每周电话联络一次，每二周上门拜访一次，根据跟进情况如客户需求强烈、需求时间的紧迫性要求等做相应的上门拜访次数安排。

2.2.2 大客户专员依据自身和客户的接触、对客情的把握安排拜访频率。关键决策人的拜访要在取得客户经办层负责人的同意或引荐后进行。

3. 拜访实施

3.1 拜访计划

3.1.1 依据业务开发计划开展业务工作，填制"周拜访计划表"，呈部门主管核阅。

3.1.2 部门主管核阅后，大客户专员按"周拜访计划表"中所订的内容，按时前往拜访客户。

3.2 客户拜访的准备

3.2.1 拜访前应事先与拜访单位取得联系。

3.2.2 确定拜访对象。

3.2.3 拜访时应携带的物品准备。如公司资质文件、宣传画册、采购手册、价格目录、相关证明文件以及随身带的名片、笔记本、笔等。

3.2.4 拜访时相关费用的申请。拜访时如需赠送礼品必须提前申报部门主管，经部门经理同意后执行，拜访中如需其他的应酬活动费用必须提前请示部门主管，经部门主管同意后方可执行。

3.3 拜访注意事项

3.3.1 服装仪容、言行举止要体现公司的一流形象。

3.3.2 尽可能地与客户建立一定程度的私谊，使其成为核心客户。

3.3.3 拜访过程可以视需要赠送物品及进行一些应酬活动（必须提前请示部门主管，经部门主管同意后方可执行）。

3.3.4 拜访结束后应于两天内填写"周拜访记录表"。

3.3.5 对拜访中答应客户的事项或后续待处理的工作应及时进行跟踪、处理。

4. 拜访工作管理规范

4.1 大客户专员应于每周六、日填写下周的"周拜访计划表"。并提交直接部门主管核阅。

4.2 大客户专员依据"周拜访计划表"所定的内容，按时前往拜访客户，并根据拜访结果填制"周拜访记录表""月度客户拜访记录表"。大客户专员每周六须提交本周的"周拜访记录表"至部门主管，由部门主管核阅并提出指导意见，每月 5 日前提交上月的"月度客户拜访记录表"至部门主管，由主管核阅并报送至客服部经理。

4.3 大客户专员如因工作原因变更行程，除应向主管报告外，并须将实际变更的内容及停留时数记录于"周拜访计划表""周拜访记录表"内。

4.4 大客户主管审核"周拜访记录表"时应与"周拜访计划表"对照，了解大客户专员是否依计划执行。

4.5 大客户部门主管每周应依据大客户专员的"周拜访计划表"与"周拜访记录表"，以抽查方式用电话向客户查询，确认大客户专员是否依计划执行或不定期亲自拜访客户。

4.6 大客户部门主管查核大客户专员的拜访计划作业实施时，应注意技巧，并监督相关报表的执行情况，将报表完成情况与人事部相关文件一起作为员工绩效考核的参考依据。

拟定		审核		审批	

五、客户来访接待管理制度

标准文件		客户来访接待管理制度	文件编号	
版次	A/0		页次	

1. 目的
为规范公司客户接待管理，规范客户参观及验厂流程，提升各相关部门配合质量和效率，对外树立公司良好形象，特制定本制度。

2. 适用范围
适用于公司全体员工。

3. 职责权限
3.1 营销中心：主导执行客户的参观或验厂要求，负责前期准备和安排；负责填写客户来访通知单；负责指定专人全程陪同；负责配合完成客户参观、验厂过程中的用车、食宿工作。

3.2 制造中心：针对客户来访通知单中拟订的参观路线、时间、相关部门、相关人员，负责统筹安排、配合完成。

3.3 品质部：负责指定专人全程陪同；负责就客户提出的特殊要求召开相关部门协调会议，提供解决方案；参与各相关部门的总结讨论并负责改善方案的推动。

3.4 行政部：负责配合完成客户参观、验厂过程中的礼仪、卫生等后勤工作。

3.5 各部门：配合实施本办法。

4. 工作程序

4.1 参观或验厂前准备规范

4.1.1 在拓展市场和开发客户的过程中，如果公司现有或潜在客户提出参观或验厂的要求，销售人员确认其必要性，并明确客户参观目的和具体要求后，须填写客户来访通知单，提出参观或验厂申请。

4.1.2 针对客户参观或验厂的特别要求和不同关注重点，由营销中心负责召开相关部门协调会议，提供解决方案并落实到部门、责任人和完成时间。

4.1.3 营销中心销售专员填写客户来访通知单后，由销售部文员传真给制造中心文员。由制造中心主管按客户来访通知单拟订的参观路线、配合部门、配合人员、配合时间，向制造中心各相关部门确认并向相关领导报批。重要客户的参观或验厂时间安排在工厂正常生产时间（中午休息前半个小时起到下午上班半个小时止，下午下班前半个小时起均不得安排参观或验厂），以确保参观或验厂过程的完整和顺畅。制造中心主管落实后，在客户来访通知单上确认和备注，并将经其确认和备注后的客户来访通知单及时反馈给销售部文员，再由营销中心文员将其归档保存并将复印件送达公司各相关部门（如营销中心、研发部、品质部、工程部、制造中心、行政部等），由制造中心文员其复印件送达制造中心各相关部门。

4.1.4 客户参观或验厂前一天，根据具体情况，可由销售部相关人员主持召集各配合部门举行专题会议，各配合部门指派代表参加，就客户接待、验厂注意事项及职责分工等达成一致意见。

4.1.5 对于重要客户，营销中心在必要时可发联络书，经总经理同意后，通知各部门配合进行模拟验厂。

4.1.6 客户造访公司的相关后勤支援工作由行政部负责。

4.1.7 公司相关部门如有客户造访公司，应提前一天以工作联络书形式通知行政部与总务部。

4.1.8 公司相关部门应在工作联络书中明确客户到访时间及具体接待要求，行政部按具体要求提前做好接待准备工作。

4.1.9 如需公司安排车辆接送客户，对口接待部门应提前写好派车单。

4.1.10 B级以上客户到达公司时，对口接待部门应派员到一楼迎接，并引领客户到会谈地点。前台文员应微笑起立向客户致意，并给客户发放贵宾卡，请客户佩戴于胸前明显位置。

4.2 接待过程服务规范。

4.2.1 客户来访前，客户的服务代表应根据客户喜好、要求或接待规格等，向人力资源中心提出接待要求，前台文员在客户来访前10分钟准备好茶水、饮料或水果等接待用品。

4.2.2 当客户在会谈地点落座且会谈正式开始之前，由前台文员用托盘将茶水、饮料分送给参与会谈人员。

4.2.3 前台文员上茶时应遵循"先宾后主、先里后外、先女士后男士"的顺序，并微笑站立于客人的右侧递送茶水。

4.2.4 给参与会谈人员送完茶水、饮料后，前台文员应用托盘装一些咖啡或矿泉水放置在会谈区域的冰箱上，以便会谈人员中途续水。

4.2.5 给会谈人员提供完上述服务后，前台文员应轻轻退出会谈室并随手关好门。若对口接待部门中途要求前台文员提供续水服务，前台文员应立即执行。

4.2.6 在前台文员离岗期间，行政部可协调调配人力资源中心或营销中心员工暂时替代前台文员岗，相关部门应予以大力支持。

4.2.7 客人访问结束后，由对口接待部门人员将客人送出公司（贵宾卡交还前台）；由公司保洁员及时清洁会客室，并将未开封的矿泉水退回行政部。

4.3 参观或验厂过程规范

4.3.1 营销中心指定人员着工装或职业装；工厂配合人员着工装。

4.3.2 每次客户参观或验厂，均由营销中心指定人员全程接待，并应于客户参观工厂前至少2小时电话通知制造中心文员和品质部指定全陪人员，并由制造中心文员传达至沿线各部门。

4.3.3 客户行至公司前台时，品质部指定全陪人员应提前在前台等候，品质部、营销中心全程陪同人员与前台接待人员应起立微笑以示欢迎；有特别欢迎仪式的，按事先会议确定的方案进行。

4.3.4 客户参观或验厂须严格按照事先协商好的既定线路进行，途中所有公司人员不得擅自更改参观线路；如果客户提出变更要求，公司全陪人员亦应通过合理解释和友好协商等方式，尽量把握该原则。

4.3.5 客户参观或验厂活动进行时，各部门负责人应该严格要求本部门人员按规范进行生产操作，规范工作行为和保证良好的工作环境，并保持良好的精神面貌；除非客户提出特别要求，各生产线上的员工在面对客户的突发提问时，应友好地引导其向该生产线的管理人员提出，以免影响制程的稳定性。

4.3.6 在客户参观或验厂过程中，如果客户要参观员工宿舍或食堂，营销中心须提前一天通知行政部以便行政部进行具体的安排。

4.3.7 客户参观或验厂过程中，中间如果需要在工厂食堂用餐，可由总务部协助安排落实；如客户无此意向，应由营销中心指定全陪人员安排在外就餐。

4.3.8 参观或验厂过程中，外来人员原则上不得于厂区内拍照；若客户确有各种照片资料需求时，经请示分管副总级别以上领导同意后，方可进行。

4.3.9 参观或验厂过程中，所有人员均应按照参观指示牌之指引行走，并请尽量行走于黄色参观线之外，以免影响工厂正常作业。

4.3.10 参观行程沿线各部门应提前做好客户接待工作，并可由相关部门指定之专人配合全陪人员为客人进行本部门讲解；讲解人员应在公司授权范围内遵循公司保密原则的基础上进行；如果深入授权范围以外的问题，应向客人说明由公司相关部门进行进一步的讲解。

4.3.11 客户验厂过程中，各部门需将各自部门的相关文件整理齐全，并且摆放有序，以备客人需要时能及时地提供。

4.3.12 营销中心、品质部全陪接待人员应主动引导客人于参观过程中自觉遵守工厂的其他各项规章制度，如：进入生产区域时穿戴鞋套换鞋；厂区内不得大声喧哗等。

4.3.13 客户参观或验厂过程中，如果客户对公司的包装、宣传资料、产品样品有需求时，销售人员必须提前申请，并提前准备；如果提前没有准备的，客户当场提出要求，陪同人员应该请示部门经理级别以上领导同意后决定。

4.3.14 整个参观行程中，全陪接待人员和各部门指定配合人员应将各类通信工具调至振动状态，并尽量不要接听与参观验厂无关的电话；如果必须接听电话或处理紧急情况，须礼貌地向客户说明并表明歉意。

4.3.15 整个参观行程结束后，全陪接待人员应引导客户至前台登记离开时间，并将其所佩戴的胸卡交还至前台。前台文员在客户离开后方可下班。

5. 参观或验厂后规范

5.1 客户参观或验厂完毕后，陪同人员应根据客户意见完成书面总结报告，针对问题和满意点进行总结，并知会相关部门；必要时可召集各相关部门会议。

5.2 各相关部门须针对参观或验厂不足之处，制订书面改善措施并落实执行。

5.3 营销中心参与各相关部门的总结讨论并负责改善方案的推动。

拟定		审核		审批	

六、客户回访管理规定

标准文件		客户回访管理规定	文件编号	
版次	A/0		页次	

1. 目的

为了及时、真实地掌握销售情况，全面了解客户的服务需求，及时发现销售中存在的各种问题，使公司的品牌得到更多客户的认可、提升客户满意度，特制定本管理规定。

2. 适用范围

本规定适用于客户回访人员对客户进行的例行回访和针对特别客户的特定回访。

3. 职责

3.1 客服人员根据询盘统计表生成的客户资料制订客户回访名单，包括询盘详细信息、回访方式、回访时间、回访问题与内容等。

3.2 客服人员根据公司情况结合客户特点选择适合的回访方式，全面了解客户的需求和对服务的意见，并认真填写"客户回访记录表"，回访结束后汇总形成"客户回访报告"。

3.3 主管领导负责审阅"客户回访记录表""客户回访报告"，对回访记录和结果进行审查，并提出指导意见。

3.4 客服人员负责对"客户回访计划""客户回访记录表""客户回访报告"进行汇总存档，按照客户分类后建立客户档案，以备参考。

4. 流程

4.1 调取客户资料

4.1.1 客服人员根据公司客户询盘建立资料库和客户回访的相关规定，对所保存的客户信息进行分析。

4.1.2 客服人员或客户服务人员根据客户资料确定客户档案。

4.2 客户拜访准备

4.2.1 制订回访单。

客服人员或客户服务人员根据客户档案制订客户回访名单，包括询盘详细信息、回访方式、回访时间、回访问题与内容等。

回访的目的要明确。一般地，回访有四大目的：

（1）通过回访，确定客户对公司整体情况的了解程度，以及客户对公司整体形象、业务人员的各类意见和建议。

（2）通过回访，建立客户档案，延伸对客户的服务，增强公司在客户思维中的记忆与提高公司在客户思维中的认知度、美誉度。

（3）通过回访，找出公司销售过程中存在的不足之处，提高询盘成交能力。

（4）通过回访，确定询盘的有效性，为市场营销决策提供数据支撑。

4.2.2 回访时间。

回访要充分考虑客户的时间安排，以不打扰客户为基本准则。

4.2.3 准备回访资料。

（1）客服人员根据"询盘统计表"准备客户回访的相关资料，包括客户基本情况（姓名、联系方式、询盘内容等）、客户服务的相关记录等。

（2）确定回访主体内容。回访工作人员在与客户沟通中，客服是公司的"发言人"，他所讲的内容代表公司。因此，回访的内容必须要注意维护公司形象，并严禁与客户发生争执。

4.3 实施回访

4.3.1 回访的方法。

优先采用电话通信方式回访。回访方式优先级从大到小分别是电话、在线沟通工具（QQ、MSN、Skype 等）、邮件。

4.3.2 回访行为要求。

在回访中，要认真处理客户的投诉、不满、疑惑等，应诚实、可信，并且对公司负责，对客户负责。

4.3.3 回访信息记录。

回访人员要热情、全面了解客户的需求和对服务的意见，并认真填写"客户回访记录表"。回访工作人员必须要日清日结，对所回访的客户基本信息、要求以及服务评价都要有书面记录，对于回访客户所提出的问题、建议都要有原始记录。

4.4 整理和处理回访记录

4.4.1 客服人员或客户服务人员编制回访报告。

（1）按时根据"客户回访记录表"记录的回访过程和结果，对客户的回访过程和回访结果进行汇总评价形成"客户回访报告"。

（2）回访结束后，回访人员应将一周回访的相关资料提交部门主管审核。

4.4.2 部门主管领导审阅。

主管领导对下属人员提交的"客户回访记录表""客户回访报告"进行审查，并提出指导意见；及时对回访结果提供处理意见，并按时上交"客户回访记录表""客户回访报告"给公司领导审阅，如发现问题，及时与公司领导沟通。

4.5 资料保存和使用

4.5.1 客服人员对"客户回访计划""客户回访记录表""客户回访报告"进行汇总，按照客户分类后建立客户档案，以备参考。

4.5.2 销售部门根据"客户回访记录表""客户回访报告"改进销售方式，提高成单效率。

4.5.3 相关市场部参考客户回访的相关资料制订市场营销策划方案。

附：客服部回访工作流程

工作目标	知识准备	关键点控制	细化执行
1. 及时掌握客户需求信息 2. 提高客户满意度 3. 提升企业形象加深客户认知 4. 为市场营销决策提供数据支撑	1. 了解客户的基本信息与要求 2. 掌握客户交谈的技巧和策略	1. 查询"询盘统计表" 回访人员查询询盘统计表，详细分析客户资料内容和客户服务需求	询盘统计表
		2. 明确回访对象 根据客户资料确定客户回访名单	客户名单
		3. 准备回访资料 根据"客户资料"准备客户回访的相关资料，包括客户基本情况、客户服务的相关记录和客户特点等	客户回访资料表
		4. 制订"客户回访资料表" 根据客户资料制订"客户回访资料表"	客户回访资料表
		5.1 实施回访	客户回访记录表
		5.2 回访人员要热情、全面地了解客户的需求和对售前、售中、售后服务的意见，并认真填写"客户回访记录表"	
		6. 整理回访记录 回访人员在客户回访结束后，及时整理"客户回访记录表"，从中提炼主要结论	客户回访报告
		7. 主管领导审阅 主管领导对"客户回访记录"以及"客户回访报告"进行审查，并提出指导意见	指导意见
		8. 保存资料 销售或客服部文员对客户回访资料进行汇总，并经过分类后予以保存，以备参考	客户档案
拟定		审核	审批

七、客户满意度管理制度

标准文件		客户满意度管理制度	文件编号	
版次	A/O		页次	

1. 目的

为了收集客户对本公司所提供的产品和服务的满意信息，了解客户的要求和期望，提高公司的产品质量和服务水平，提高客户满意度和忠诚度，特制定本制度。

2. 适用范围

适用于与公司签约或有业务、贸易往来的客户。

3. 术语

3.1 客户：接受公司产品或服务的组织或个人。

3.2 客户满意度：以市场上消费过或正在消费的产品、服务为对象，量化各种类型和各个层次的客户的评价，从而获得的一种综合性评价指标。它从客户的角度测量企业产品、服务究竟在多大程度上满足了客户的要求。

3.3 客户满意度指数（CSI）：运用了计量经济学的理论来处理变量的复杂总体、全面、综合地度量客户满意程度的一种指标，包含感知质量、客户期望、感知价值、客户满意、客户抱怨和客户忠诚六大要素。

4. 管理职责和权限

4.1 营销管理部门（以下简称"营销部"）负责客户满意度调查计划的编制、客户满意度调查内部信息和外部信息的收集及客户满意度调查统计结果的分析和反馈。

4.2 国内市场部（以下简称"国内部"）和国际市场部（以下简称"国际部"）负责组织实施客户满意度调查表的发放和回收工作，负责向营销部报送客户满意度调查相关信息。

4.3 营销部负责客户不满意问题的原因分析与整改建议，各相关部门负责制定并执行相关的纠正与预防措施。

4.4 质量管理部门负责跟踪纠正和预防措施的实施、监控及效果确认。

5. 管理内容与方法

5.1 编制客户满意度调查计划

客户满意度调查计划是经营计划中的重要组成部分，营销部于每年度初根据上年度客户满意度和不满意度的状况，并在结合本公司实际生产经营状况的基础上，拟订本年度的客户满意度调查计划，经分管的公司领导审核后执行。客户满意度的具体指标在每年度的公司质量目标中体现，并作为对管理体系业绩的一种测量。必要时可委托第三方机构进行客户满意度评价。

5.2 客户满意度信息的收集

5.2.1 除向客户发送客户满意度调查表进行调查外，客户满意度信息的收集细分为内部信息与外部信息，由销售部门（营销部、国内部、国际部统称销售部门）负责收集，并建立相应的记录。

5.2.2 内部信息收集包括以下内容，但不限于此：合同协议的履约情况；交付情况（交付的及时性、准确性）等。

5.2.3 外部信息收集包括以下内容，但不限于此：客户对产品质量的意见和建议、对服务质量的意见和建议、对价格的意见和建议。

5.2.4 内部信息的收集。

（1）客户以面谈、信函、电话、传真等方式对公司交付产品的质量与服务提出意见和建议时，国内部、国际部应做好相关的记录，并于每月8日前向营销部报送上月合同执行情况表。

（2）国内部、国际部收到客户对交付质量的投诉、抱怨等按《客户抱怨管理制度》实施和监控。质量管理部门应于下月初向营销部报送相关的内部信息（包括上月最终确认存在产品质量问题批次数、用户反馈缺陷产品件数、数量准确批次数、品种正确批次数、标识正确批次数、包装完好批次数、无额外运费批次数等相关信息）。

5.2.5 外部信息的收集：销售部门通过发放和回收客户满意度调查表的方式收集客户满意度的外部信息。

5.3 编制客户满意度调查表

5.3.1 公司确立的客户满意度主要通过客户满意度指数来体现，主要包括六个变量：客户期望、客户对质量的感知、客户对价值的感知、客户满意度、客户抱怨、客户忠诚。具体的客户满意度指数模型如下：

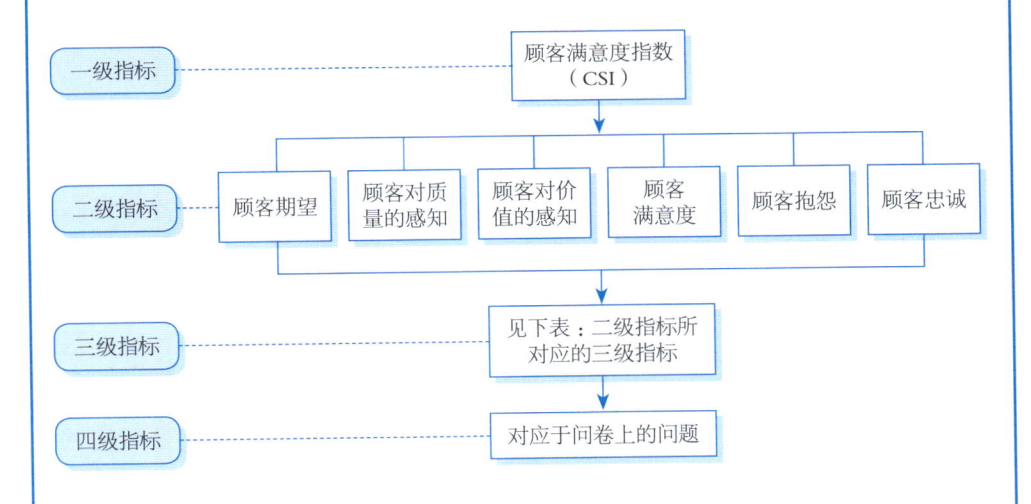

```
一级指标 ┄┄ 顾客满意度指数（CSI）
                    │
二级指标 ┄┄ 顾客期望 │ 顾客对质量的感知 │ 顾客对价值的感知 │ 顾客满意度 │ 顾客抱怨 │ 顾客忠诚
                    │
三级指标 ┄┄ 见下表：二级指标所对应的三级指标
                    │
四级指标 ┄┄ 对应于问卷上的问题
```

5.3.2 客户满意度指标体系分解

二级指标	三级指标	四级指标
顾客期望	顾客对产品或服务质量的总体期望 顾客对产品或服务满足需求程度的期望 顾客对产品或服务可靠性的期望	公司产品与顾客的理想产品是否吻合
顾客对质量的感知	顾客对产品或服务质量的总体评价 顾客对产品或服务质量满足需求程度的评价 顾客对产品或服务质量可靠性的评价	产品稳定性 产品耐用度 交付及时性 售前服务

续表

二级指标	三级指标	四级指标
顾客对价值的感知	给定价格条件下顾客对质量级别的评价 给定质量条件下顾客对价格基本的评价 顾客对总价值的感知	产品性能与价格比
顾客满意度	总体满意度感知与期望比较	对公司总体满意度
顾客抱怨	顾客不满意 顾客投诉	售后服务
顾客忠诚	重复购买的可能性 能承受的涨价幅度 能抵制竞争对手降价幅度	重复购买可能性

注：四级指标根据三级指标及公司的实际情况进行分解，不限于本表单所列项目。

5.3.3 确定二级指标权重。

（1）确定二级指标标度。

标度 A_{ij}	定义域
1	i 指标与 j 指标同样重要
3	i 指标比 j 指标略重要
5	i 指标相对于 j 指标很重要
7	i 指标相对于 j 指标非常重要
9	i 指标相对于 j 指标绝对重要
倒数	j 指标与 i 指标比较值 $A_{ji}=1/A_{ij}$

（2）二级指标两两比较矩阵。

Ai \ 对比 权重 \ Aj	顾客期望	顾客对质量的感知	顾客对价值的感知	顾客满意度	顾客抱怨	顾客忠诚
顾客期望	1	1/3	1/9	3	1/5	1/7
顾客对质量的感知	3	1	5	9	3	7
顾客对价值的感知	9	1/5	1	3	3	3
顾客满意度	1/3	1/9	1/3	1	1/3	1/3
顾客抱怨	5	1/3	1/3	3	1	1/3
顾客忠诚	7	1/7	1/3	3	3	1
列总合	76/3	668/315	64/9	22/1	158/15	248/21

（3）二级指标标准两两比较矩阵。

	顾客期望	顾客对质量的感知	顾客对价值的感知	顾客满意度	顾客抱怨	顾客忠诚	行平均值
顾客期望	3/76	105/668	1/64	3/22	3/158	3/248	0.0633
顾客对质量的感知	9/76	315/668	45/64	9/22	45/158	147/248	0.4300
顾客对价值的感知	27/76	63/668	9/64	3/22	45/158	63/248	0.2109
顾客满意度	1/76	35/668	3/64	1/22	5/158	7/248	0.0363
顾客抱怨	15/76	21/668	3/64	3/22	15/158	7/248	0.0892
顾客忠诚	21/76	5/668	3/64	3/22	45/158	21/248	0.1394
合计	—	—	—	—	—	—	0.969

（4）指标特征向量。

二级指标	二级指标权重	备注
顾客期望	0.063	（1）二级指标权重之和偏差0.031，在具体计算统计时作为修正值 （2）四级指标的具体权重在调查问卷上直接体现
顾客对质量的感知	0.430	
顾客对价值的感知	0.211	
顾客满意度	0.036	
顾客抱怨	0.089	
顾客忠诚	0.139	

5.3.4 营销部根据上述六要素和公司实际状况对客户满意度调查的内容和项目进行策划，并将策划的客户满意调查项目和内容以客户满意度调查表的形式列出，经管理者代表审查批准后，由国际部、国内部负责进行客户满意度的调查工作。

5.3.5 客户满意度调查表中的调查项目评价按等级划分，如"满意、较满意、一般、不满意"等，开放项目的调查，如"其他意见或建议"等，由客户根据本公司实际所提供的产品质量、交付和服务等状况进行填写。

5.3.6 当客户用自己的相关表单来评价对公司的满意度调查状况时，应优先采用客户的相关表单与之进行沟通。

5.4 客户满意度调查的频次、方式、范围。

客户满意度调查每年不少于1次，国内部、国际部可以通过传真、电子邮件或拜访等方式发放和回收客户满意度调查表。客户满意度调查范围覆盖年销售额不少于 2 万元的客户的 20%。

5.5 客户满意度调查表回收

调查表发出后，国内部、国际部负责追踪、反馈，并与客户联络其填写后回传的状况，做到及时回收。外部客户调查表或调查问卷的回收率应不低于 70%。

5.6 客户满意度调查统计、汇总、分析

5.6.1 客户满意度调查表回传至本公司后，由国内部、国际部负责接收、登记，国内部、国际部接收调查表后，及时传递至营销部，由营销部展开统计与分析。每个客户总评分小于 80 分为不满意，80～90 分为满意，大于 90 分为很满意，必要时可以就有关具体事项与客户进一步沟通，以获得更具体、详细的信息，同时取得客户的理解和信任。

问卷设计中按照四级指标的归纳各取平均分后，汇总到二级指标内，二级根据（4）的权重比例进行统计和计算，计算出公司的客户满意度指数，编制《客户满意度测评报告》。

5.6.2 客户满意度指数公式：

$$客户满意度指数 CSI = \sum \lambda_i X_i$$

其中：λ_i——第 i 项指标的加权系数；

X_i——客户对第 i 项指标的评价（取该项平均分）。

其中二级指标的"客户抱怨要素"计算过程如下：

$$客户抱怨得分 = [（A+B+过程审核得分）+C] \div 4$$

其中：A——客户对交付产品质量评价的得分；

B——交付产品及时性、准确性等的得分；

C——四级指标得分。

$$A = 60 \times \left(1 - \frac{最终确认存在产品质量问题批次数}{本测量期实际交付批次数}\right) + 40 \times \left(1 - \frac{本测量期用户反馈缺陷产品件数}{本测量期实际交付产品数量}\right)$$

$$B = \{30 \times 交付及时批次数 + 20 \times （数量准确批次数 + 品种正确批次数）+ 10 \times （标识正确批次数 + 包装完好批次数 + 无额外运费批次数）\} \div 本测量期向客户交付批次数$$

过程审核得分：当有客户对公司进行过程程序审核时，过程审核得分采用客户审核结果；当没有客户审核结果时，采用公司过程审核结果；当本测量期既无客户过程审核，又无公司内部过程审核结果时，过程审核得分视为满分。

5.7 客户满意度评价

营销部在客户满意度调查表统计汇总得出客户满意度指数及各项指标分析的数据基础上，结合平时收集到的内外部信息对客户满意度进行评价，形成客户满意度评价报告，经分管领导审核后，报告总经理。

5.7.1 客户满意度评价报告中应体现出客户满意的趋势和不满意的主要方面、改进的意见建议等，并有客观书面资料予以支持。

5.7.2 客户满意度评价报告经总经理批准后，由质量管理部门对相关部门、车间发出整改通知。必要时由管理者代表组织销售部门、技术部门、生产车间、质量管理部门等部门，制订持续改进措施计划。

5.8 客户不满意事项的整改

5.8.1 相关责任部门收到整改信息后，应按《体系改进管理制度》的规定进行不满意度原因分析，并制订纠正与预防措施，反馈给质量管理部门和营销部。

5.8.2 质量管理部门根据相关责任部门拟定的纠正与预防措施进行追踪及效果确认，对确认无效的由相关责任部门重新进行原因分析和重新拟定纠正与预防措施，直到问题得到有效解决和处理。

5.8.3 经确认有效的，如有必要将其予以标准化，由质量管理部门将确认有效的结果和数据及资料通知相关部门，由其进行标准化，若标准化影响文件与资料的修改，则由相关责任部门依《文件控制管理制度》进行作业，标准化完成后则此案方可结案。如无需标准化，则由质管部将效果确认的结果通知相关责任单位进行结案。

5.8.4 如客户有要求时，销售部门应将责任部门针对客户不满意的主要方面所拟定的纠正与预防措施经管理者代表批准后，反馈给客户。

5.9 营销部年终应总结客户满意度调查、评价和整改情况。

5.10 与客户满意度调查有关的质量记录,由各相关部门参照《记录管理制度》进行。

拟定		审核		审批	

八、销售档案管理制度

标准文件		销售档案管理制度	文件编号	
版次	A/0		页次	

1. 目的

为了规范公司销售业务和客户信息的收集和管理工作，增强档案的实用性和有效性，保证公司信息管理工作顺利进行，促进公司营销工作，特制定本制度。

2. 适用范围

适用于销售档案的管理。

本制度所称的档案管理包括销售业务流程管理和客户信息管理，本着"科学、真实、全面、完整、准确、及时"的原则，从客户潜在分析、初期接触到签订合同直至日常维护全过程，建立起以市场和客户为导向的流程体系和管理制度，为公司的营销业务提供可靠的数据支持和操作程序。

3. 管理规定

3.1 公司建立客户档案及销售业务档案的目的

3.1.1 及时掌握客户的基本情况，包括客户的市场潜力、发展方向、财务信用能力、竞争力等方面的内容。

3.1.2 缩减销售周期和销售成本，有效规避市场风险，寻求扩展业务所需的新市场和新渠道，并且通过提高、改进客户价值、满意度、赢利能力以及客户的忠诚度来改善公司经营的有效性。

3.1.3 方便营销工作的各类信息查考、利用，提供全方位的管理视角，帮助正确地分析和决策，赋予最大化客户收益率。

3.1.4 考评销售人员的业务能力，为营销人员的营销业绩提供考核依据。

3.2 档案管理程序

3.2.1 公司的档案按照业务发展流程编制，实行动态化管理，具体内容为：

（1）营销业务员负责填写客户的基本信息。

（2）由营销业务员提供销售合同，档案管理员填写合同重要条款电子档，并收录销售合同复印件。

（3）营销业务员依据自己日常工作收集的客户市场信息，在客户档案中填写补充信息。

（4）销售业务部部长依据营销业务员提供的客户信息及回款情况对客户资质状况进行分析，并提交客户资质评估报告。

（5）统计员每周向营销业务员提交销售统计表。

（6）档案管理员对每月、每季度、每年度销售市场分析材料进行存档管理。

3.2.2 档案的基本内容：

（1）客户基本信息卡。

（2）客户资质评估报告。

（3）销售合同。

（4）销售统计报表。

（5）销售市场分析。

3.3 档案管理的内容

3.3.1 基础资料，即企业所掌握的客户的最基本的原始资料，是档案管理应最先获取的第一手资料。基本内容包括：客户的名称、注册地址、电话，法定代表人及其个人性格、兴趣、爱好、家庭、学历、年龄、能力、经历背景等，创业时间、生产的产品、与本公司交易时间、组织形式、企业规模（职工人数、销售额等）。

对日常运营中的一些重要数据资料要进行归档，如各级会议记录，客户日常来信、传真、客户预订货记录、销售合同、客户访问表、日销售报表，月、季、年销售报表及计划总结，市场分析，客户的表扬、投诉及处理意见，各大活动方案的计划、实施、收效等文献档案。日常档案要时时更新，重要记录及时归入各大类档案中。

3.3.2 客户特征，即客户所属的行业及行业地位、市场区域、业务范围、经济规模、采购能力、发展潜力、经营观念、经营方式、经营政策、经营特点等。对于大客户，还要特别关注和收集客户市场区域的政府贸易政策动态及信息。

3.3.3 业务状况，即客户目前及以往的销售业绩、经营管理者和业务人员的素质、与其他竞争公司的关系、与本公司的业务联系及合作态度等。

3.3.4 交易活动现状，即销售活动状况、存在的问题、具有的优势、未来的对策；信用状况、交易条件、以往对本公司产品及服务的意见和建议、对本公司的投诉及处理（包括投诉退货、折价，投诉退货及折价审批，退货及折价原因，责任鉴定）情况等。

3.4 档案管理方法

3.4.1 档案由多个部分构成，需要从不同的部门收集信息。需要确认档案的主要管理部门、主要管理人和文档的归集方法及交接标准。

3.4.2 建立客户基本信息卡。由营销业务员填写，并在同客户接触的一个工作日内交给档案管理员。客户基本信息卡主要记载各客户的基础资料，取得基本资料主要有以下四种方式：

（1）由销售业务员进行市场调查和客户访问时整理汇总。

（2）向客户寄送客户资料表，请客户填写。

（3）通过公开披露的信息收集。

（4）委托专业调查机构进行专项调查。

档案管理员将各种渠道反馈的信息进行整理汇总，填入客户档案卡。

3.4.3 根据客户的基本信息，对公司的客户进行分类，提高销售效率，促进营销工作的开展。

（1）按客户的性质，可分为中间商、终端客户。指导方针为逐步压缩中间商，发展终端客户。

（2）按客户的规模，可分为大客户、中等客户、小客户。指导方针为开拓大客户，稳定中等客户，压缩小客户，以便于对客户进行商品管理、销售管理和货款回收管理。

（3）按销售区域，可分为华北地区、华南地区、华东地区、华中地区、东北地区、西南地区、西北地区。按照不同区域的销售比重，制订营销策略和物流方案。

（4）按信用等级情况，确定客户等级标准，可分为A、B、C三个等级。根据信用等级的级别，确定营销对策和货款回收管理。

（5）按产品分类，可分为老产品、新成品。

3.4.4 根据客户分类情况，对合同签订及履行情况进行登记。

（1）合同签订情况。客户与公司签订的合同、协议情况，包括历次签订合同协议记录和具体合同协议文本。按签订的时间先后登记。

（2）合同履行情况。客户历次货款的支付方式、支付时间、拖欠货款的数量、时间，拖欠款还款协议，延期还款审批单。如有诉讼，明确登记诉讼标底、还款方式、生效判决的执行过程等。

3.4.5 详细记录销售公司内部人员激励机制的执行情况，包括销售产品、价格、数量、区域等业绩，以及销售业务员、管理人员、其他业务员、内勤的奖罚结果。

3.4.6 档案应当填写完整的目录并编号，以备查询和资料定位；档案每年分年度清理，整理成电子文档和纸面文档两大类。纸面文档按类装订成固定卷保存。负责管理档案的人员应正确、详尽地填写档案封面的各项内容，以便方便、快捷地进行业务操作。

3.4.7 重要文件（包括自制文件）应及时存档。如有必要，可进行多份复制。

3.4.8 在销售业务过程中发生的往来传真等，如需长期存放，必须复印。这类传真包括：提单、订单、合同、关键性的客户确认等。

3.4.9 出口业务档案按年度业务发票号排放，内销业务档案按客户名称排放。已执行完业务档案归档封存管理。

3.5 客户档案的查阅审批

3.5.1 客户档案由公司档案管理员统一管理。

3.5.2 营销员在提交档案前要认真审核、校对，确保档案的真实准确性。

3.5.3 所有客户档案均需由经办人、部门领导审批签字方可入档。

3.5.4 每位营销员均有权随时查阅自己所负责客户的档案记录。

3.5.5 总经理、市场部部长有权查阅公司所有客户的档案记录。其他营销员或部长查阅不属本部负责的客户档案时，需办理借阅档案申请表，送销售经理审批后方可查阅。

3.5.6 管理档案人员应注意档案的存放，应在方便取用的同时注重档案的保密。

3.5.7 档案借阅者必须做到：

（1）爱护档案，保持整洁，严禁涂改。

（2）注意保密，严禁擅自翻印、抄录、转借，防止遗失。

3.6 客户档案的增加、修改、销毁

3.6.1 档案管理应当保持动态性，根据新的行业发展趋势、竞争对手的最新动态等，不断地补充新资料。

3.6.2 客户档案如存在差错，应当及时进行修改。对客户档案进行修改前要经过销售公司经理的同意批示，并留存修改记录和修改原因。

3.6.3 销售分公司会同大客户关系管理中心及客户信用评级办公室每年召开一次客户档案补充更新专题会，确定年度重点关注的客户名单。每年召开一次营销分析会，并根据客户订单及履行情况，对其进行各类客户档案动态转换。

3.6.4 对错误和过时行业情报、死档进行及时的销毁和删除。由档案管理员填写档案资料销毁审批表，提交市场部部长审核，经总经理批准后，指定专人监督销毁。档案管理员应当认真核对，将经批准的公司档案资料销毁审批表和将要销毁的档案资料做好登记并归档。

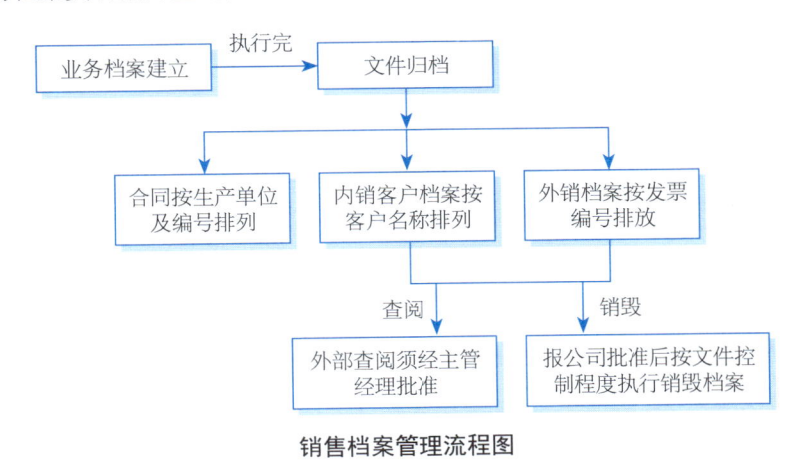

销售档案管理流程图

3.7 附则

3.7.1 销售档案管理制度如与公司档案管理制度发生冲突，以公司的制度为准。

3.7.2 档案以具有法律效力的文件纸质文档为主（印章和签署是文件生效的主要标志），电子文档为辅，纸质、电子两种文件一起归档，形成内容相同的两套客户档案。

拟定		审核		审批	

第三节　客户信息管理表格

一、新客户认定申请表

新客户认定申请表

报告日期：			
客户编号：			
销售员：			
新客户资格申请表			
供应商名称（中文）： 供应商名称（英文）：		注册资本：	
企业性质：国营□　民营□　合资□　外资□　个体□　生产型□　贸易型□			
经营范围：	付款条件：月结□　款到发货□ 其他请说明	经营期限：	
采购联系人：	电话号码：	直线电话：	
公司网址：	传真号码：	付款方式：支票□　转账□	
通信地址：			
银行名称：			
银行账号（人民币）：			
申请要件			
1. 客户开发过程（包括首次接触时间、首次订单时间等）及历史状况：			
该客户信息来源：A. 自行联系开发　B. 原公司客户人员转移　C. 供应商介绍　D. 同事或经理介绍　E. 其他（请注明）			

续表

2. 预计主要交易产品，预估年营业额及其他需要说明的情况：		
3. 利润分析：		
申请人：	经理审核签字： 财务审核签字： 提成比率：	
申请日期：	有效期： 批准日期：	

二、客户个人信息卡

客户个人信息卡

公司名称				姓名	
职务			出生年月		
身份证号			血型		
家庭地址					
住宅电话		办公电话		手机	
邮件地址					
教育背景					
毕业院校			毕业时间		
工作时间					
爱好					
特殊兴趣（私人俱乐部、宗教信仰等）					
生活方式（健康状况，是否喜欢抽烟、喝酒，饮食习惯，喜欢的品牌）					
结婚纪念日					
家庭状况		姓名	出生年月	工作单位	就读状况	爱好
	妻子					
	子女					

信息获取时间： 营销员：

三、客户基本信息卡

客户基本信息卡

公司名称					
地址					
法定代表人					
企业性质					
建厂时间					
职工人数					
电话					
传真					
联系人	采购部经理		手机号		
	业务经理		手机号		
开票资料					
营业执照有效期限					
税务登记证有效期限					
一般纳税人资格证有效期					
主营产品					
与我公司合作时间					
与我公司合作产品					
合作产品在其公司的重要性					
需求量					
年销售收入					
其他					

日期：

备注：营业执照、税务登记证复印件存档。

四、客户信用等级、信用额度、信用期限申请表（新客户）

客户信用等级、信用额度、信用期限申请表（新客户）

客户名称：　　　　　　　　　　　　　　　　　　　　　时间：＿＿＿年＿＿月＿＿日

序号	评定内容			评定结果			
				A	B	C	D
1	品质特性评价	整体印象	A. 公司为国内外上市公司，在业界享有很高声誉 B. 成立 3 年以上，公司规模较大，员工素质较高，同业中形象良好 C. 成立 1 年以上，公司规模较中等，员工素质较一般，同业中形象良好 D. 成立未满 1 年，公司规模较小，员工素质较低，同业中形象较差	10	9	7	3
2		行业地位	A. 在当地销售规模处于前三名 B. 在当地销售规模处于前十位 C. 在当地有一定销售规模，但排名在前十名以后 D. 在当地处于起步阶段	10	8	5	0
3		负责人品德及企业管理素质	A. 主要负责人品德及企业管理素质好 B. 主要负责人品德及企业管理素质一般 C. 主要负责人品德及企业管理素质差	10	6	0	
4		业务关系强度	A. 计划以本公司为主供货商 B. 计划以本公司为次供货商 C. 只是偶尔在本公司提货	10	6	0	
5	品质特性评价	发展潜力	A. 业务发展方向和本公司高度一致，产品线与本公司主推产品一致，能完全配合本公司业务发展规划 B. 业务发展的某个方向与本公司一致，有部分产品是本公司非主推产品，基本能配合本公司业务发展规划 C. 业务发展方向与本公司不一致，产品线与本公司产品不一致，无法配合本公司业务发展规划	10	5	0	
6		员工人数	A. 人员稳定，从业人数 100 人以上 B. 从业人数 50～100 人 C. 从业人数少于 30 人或人员流动性大	10	7	0	
7		诉讼记录	A. 无诉讼记录 B. 有诉讼记录但已全部胜诉 C. 有未决诉讼，或已胜诉但不能执行 D. 有诉讼记录，败诉	10	8	3	0
8		未来月度平均采购额预计	A. 100 万元以上 B. 50 万～100 万元 C. 20 万～50 万元 D. 0～20 万元	20	16	10	5
9		资金结算方式	A. 现金/银行存款 B. 承兑汇票/即期支票 C. 近期支票	10	7	6	0
得分合计			信用等级申请				

217

续表

信用额度申请		信用期限申请	
申请人		营销经理意见	
财务总监意见			
总经办意见			

注：1. 信用等级划分：得分 90～100 为 AAA 级、得分 80～89 为 AA 级、得分 70～79 为 A 级、得分 60～69 为 B 级、59 分以下为 C 级；

2. 信用期限：30 天、45 天、60 天和 90 天及其他 ×× 天。

3. 信用额度：每 10 万元一个档次，单个客户信用额度不得超过 500 万元。

五、客户信用等级、信用额度、信用期限申请表（老客户）

客户信用等级、信用额度、信用期限申请表（老客户）

客户名称： 　　　　　　　　　　　　　　　　时间：＿＿＿＿年＿＿月＿＿日

序号	评定内容		得分
1	到期货款偿还状况	（1）到期货款未清还数占该客户月均销售额的 10% 以下	40
		（2）到期货款未清还数占该客户月均销售额的 10%～20%	35
		（3）到期货款未清还数占该客户月均销售额的 20%～30%	30
		（4）到期货款未清还数占该客户月均销售额的 30%～40%	25
		（5）到期货款未清还数占该客户月均销售额的 40%～50%	20
		（6）到期货款未清还数占该客户月均销售额的 50%～60%	15
		（7）到期货款未清还数占该客户月均销售额的 60%～80%	10
		（8）到期货款未清还数占该客户月均销售额的 80%～100%	5
		（9）到期货款未清还数占该客户月均销售额的 100% 以上	0
2	在本公司的采购状况	（1）在本公司的年采购额 200 万元以上且逐年增长	30
		（2）在本公司的年采购额 200 万元以上并保持原状，或 150 万元以上 200 万元以下且逐年增长	27
		（3）在本公司的年采购额 200 万元以上但逐年下降，或 150 万元以上 200 万元以下并保持原状	24
		（4）在本公司的年采购额 150 万元以上 200 万元以下但逐年下降，或 100 万元以上 150 万元以下且逐年增长	21
		（5）在本公司的年采购额 100 万元以上 150 万元以下并保持原状，或 80 万元以上 100 万元以下且逐年增长	18
		（6）在本公司的年采购额 80 万元以上 100 万元以下但逐年下降，或 50 万元以上 80 万元以下并保持原状	15
		（7）在本公司的年采购额 50 万元以上 80 万元以下但逐年下降，或 40 万元以上 50 万元以下且逐年增长	12
		（8）在本公司的年采购额 40 万元以上 50 万元以下并保持原状	6
		（9）在本公司的年采购额 40 万元以上 50 万元以下但逐年下降，或 40 万元以下	0

续表

序号			评定内容	得分
3		整体印象	A. 公司为 LED 国内外上市公司，在业界享有很高声誉 B. 成立 3 年以上，公司规模较大，员工素质较高，同业中形象良好 C. 成立 1 年以上，公司规模较中等，员工素质较一般，同业中形象良好 D. 成立未满 1 年，公司规模较小，员工素质较低，同业中形象较差	5 3 2 0
4	品质特性评价	行业地垃	A. 在当地销售规模处于前三名 B. 在当地销售规模处于前十名 C. 在当地有一定销售规模，但排名在前十名以后 D. 在当地处于起步阶段	5 3 1 0
5		负责人品德及企业管理素质	A. 主要负责人品德及企业管理素质好 B. 主要负责人品德及企业管理素质一般 C. 主要负责人品德及企业管理素质差	5 3 0
6		业务关系持续期	A. 与本公司的业务关系持续 1～2 年 B. 与本公司的业务关系持续 2～12 个月 C. 与本公司的业务关系期少于 2 个月	5 3 1
7		业务关系强度	A. 计划以本公司为主供货商 B. 计划以本公司为次供货商 C. 只是偶尔在本公司提货	5 3 0
8	品质特性评价	发展潜力	A. 业务发展方向和本公司高度一致，产品线与本公司主推产品一致，能完全配合本公司业务发展规划 B. 业务发展的某个方向与本公司一致，有部分产品是本公司非主推产品，基本能配合本公司业务发展规划 C. 业务发展方向与本公司不一致，产品线与本公司产品不一致，无法配合本公司业务发展规划	5 3 0

得分合计		信用等级申请	
信用额度申请		信用期限申请	
申请人		营销经理意见	

财务总监意见	

总经办意见	

注：1. 信用等级划分。得分 90～100 为 AAA 级、得分 80～89 为 AA 级、得分 70～79 为 A 级、得分 60～69 为 B 级、59 分以下为 C 级。
　　2. 信用期限。30 天、45 天、60 天和 90 天及其他 ×× 天。
　　3. 信用额度。每 10 万元一个档次，单个客户信用额度不得超过 500 万元。

六、临时额度申请表

临时额度申请表

时间：_____年___月___日

客户名称		客户编码	
已定信用等级			
已定信用额度			
临进额度申请		有限时间	
申请原因	申请人：_____年___月___日			
营销经理意见			
财务总监			
总经办意见			
备注			

七、外出拜访计划表

外出拜访计划表

申请日期：_____年___月___日

姓名		拜访时间	
客户姓名		客户联系电话	
客户基本情况			
拜访目的			
一、拜访类别	□初次拜访；□二次拜访；□其他。		
二、见面拜访细节：			
三、客户对公司提出的意见：			

续表

四、对该客户采取的下步计划：			
五、下次拜访时间：			
主管经理签字		总经理签字	

备注：每份客户拜访报告需完整仔细填写；每份拜访表需保存完好；拜访表需主管经理和总经理签字方可生效。

八、借阅档案申请表

借阅档案申请表

申请部门		申请人	
借阅原因			
借阅档案名称		档案编号	
审批		日期	

九、档案资料销毁审批表

档案资料销毁审批表

申请部门		申请人	
销毁原因			
销毁档案名称		档案编号	
审核		批准	